KB120340

뜻이
길을
열다

나남
nanam

나남신서 2114

뜻이 길을 열다

2022년 9월 15일 발행
2022년 11월 10일   2쇄

지은이   김병일
발행자   趙相浩
발행처   (주) 나남
주소   10881 경기도 파주시 회동길 193
전화   (031) 955-4601 (代)
팩스   (031) 955-4555
등록   제 1-71호 (1979. 5. 12)
홈페이지   http://www.nanam.net
전자우편   post@nanam.net

ISBN 978-89-300-4114-0
ISBN 978-89-300-8655-4 (세트)

나남신서 2114

뜻이
길을
열다

도산서원 원장
김병일의 참선비론

나남
nanam

내 삶을 바꾼 퇴계와의 만남

필자는 2008년부터 15년째 경북 안동에 자리한 도산서원선비문화수련원에서 가족과 떨어져 머물고 있다. 특별한 연고도 없는 곳이고 공직에 있을 때 하던 일과 무관한 분야에서 비상근이 상근처럼 지낸다. 주위에서는 의아해 질문하고 그때마다 답변하지만 납득이 쉽지 않은 듯하다. 이곳을 떠나지 못하게 붙들어 매는 진짜 동기는 따로 있다. 그것은 다름 아닌 '살아가는 데 가장 소중한 가치와의 만남' 때문이다.

34년간 경제부처에서 주로 근무했던 필자에게 이 일은 무척 생소한 분야임에 틀림없다. 그러나 돌이켜 보면 연결고리를 찾을 수 있다. 어려서부터 옛것에 관심이 높아 역사 과목을 제일 좋아했고, 학부에서 사학을 전공했다. 안동댐 수몰 전 도산서원 답사 기억은 지금도 생생하다. 공직생활 중에도 틈틈이 역사책을 읽고 유적지를 찾았다. 세월이 지나면서 퇴계 이황退溪 李滉

(1501~1570년) 선생 종가와도 인연을 맺고 이따금 드나들었다. 어떠한 여가선용보다 선현의 얼이 서린 곳을 찾는 것이 더 취향에 맞고 즐거웠다.

2005년 초 공직에서 나와 곧바로 찾은 곳이 한문서당과 답사 모임이었다. 50대 후반부터는 달리기에도 힘써 마라톤 풀코스를 12회 완주했다. 혹서기에는 울진과 영양의 숲속에서 새벽에 달리고, 무더운 오후엔 도산서원과 퇴계 종택을 찾아 역사 공부를 하며 몸과 마음을 동시에 가꾸었다.

이렇게 바쁘게 지내던 2007년 1월 도산서원선비문화수련원으로부터 이사장직을 제안받았다. 비상근 이사장이니 1년에 한두 번 이사회 때 오면 된다고 했지만 난감했다. 책읽기 좋아하는 것과 도서관 관장을 맡는 것은 다르지 않은가. 당시 필자는 이사장을 맡기엔 여러모로 부족하다 판단했다. 퇴계 선생의 학문과 선비정신에 관한 전문지식도, 전통 유가 가문과 세교世交도 없었다. 나이(당시 62세)도 유림사회에서는 한참 어렸다. 고사固辭가 받아들여져 평이사로 결정되어 서당과 마라톤을 이어가게 되었다.

그러다 이듬해(2008년) 1월 하순 어느 날 필자에게 뜻밖의 사건이 생겼다. 새벽어둠 속을 걷다가 넘어져 무릎에 6주간 깁스를 하게 된 것이다. 며칠 후 정기총회에서 필자가 궐석상태에서 이사장으로 선임되었다. 이렇게 되니 '더 이상 고사해서는 안 되겠구나'라며 운명으로 받아들이지 않을 수 없었다.

필자는 도산서원을 방문하는 사람들에게 퇴계 선생의 이야기를 들려주며
삶의 지혜와 선비정신을 일깨워 주고 있다. ⓒ도산서원선비문화수련원

　이사장을 맡았지만 걱정이 앞섰다. 모르는 것이 너무 많았다.
칩거하는 동안 퇴계 선생과 유학 관련 서적 등을 읽었으나 기억
이 오래가지 않았고 깊이 있는 공부도 안 되었다. 깁스를 풀고
난 후 지팡이를 짚고 도산으로 내려왔다. 현장에서 눈으로 보고
귀로 듣는 것이 더 공부가 되겠다 싶었다.
　내려와서 보고 듣고 느낄 때마다 감동과 충격이 커졌다. 역사
속 대학자로만 알았던 퇴계가 남긴 인간적 스토리에 빠져들었
다. 70 평생 살아가면서 사회적 약자인 나이 어린 제자, 집안 여
인, 심지어 하인에게까지 스스로 겸손하게 처신하고 그들을 아
끼고 보듬은 일화가 일일이 이야기할 수 없을 정도로 많았다.

이러한 삶은 500여 년 전 퇴계 선생에만 머물지 않고 오늘날까지 이어져 그렇게 살아가려는 분들을 같은 곳에서 볼 수 있다. 올해 91세 되는 퇴계 16대 종손 이근필 옹은 남녀노소 가리지 않고 종택을 방문하는 선비수련생과 손님을 깍듯이 맞이한다. 무릎을 꿇고 앉아 조상에 대해 한마디도 안 하고 주변의 아름다운 이야기를 들려준다. 손수 쓴 붓글씨도 한 장씩 나눠주며 "제 낙서를 받아 주셔서 감사합니다"라고 한다. 코로나19 이후에는 매년 5만 장 넘게 쓰고 있다. 언제나 대문 밖에 나와 전송하는 것도 잊지 않는다. 가까이 자리한 이육사문학관에 가면 퇴계 14대손 육사의 따님인 이옥비 여사(82세)가 조심스레 방문객을 맞이한다.

500여 년의 시차는 있지만 스토리 본바탕은 같다. 필자는 매일같이 보고 들으면서 너무나 부끄럽고 후회가 밀려왔다. 이때까지 그런대로 살아왔다는 자만심이 여지없이 부서졌다. 부끄럽게 생각하면서도 보고 또 보고, 듣고 또 듣고 싶었다. 매 순간 감동하면서 몸과 마음이 따뜻해져 내 자신이 점점 건강하고 편안해지는 것을 느꼈다. 그래서 더 자주 내려가게 되었다. 1년에 한두 번 오면 된다던 곳을 어느덧 상주하다시피 하게 된 것이다.

필자가 느낀 것을 현장에서 가족에게 들려주었더니 소회가 다르지 않았다. 그래서 가족이 안동행을 허락했나 보다. 지인들이나 학생, 성인 수련생들 역시 같은 반응이었다. 한결같이 퇴계 선생을 존경하게 되었다며 이제부터 그분처럼 가정과 학교, 직장에서 겸손과 배려를 실천하겠다며 나섰다. 이런 모습을 바라보며 더 보람을 느꼈다. 그래서 세월 가는 것을 잊었던가. 선비수련생도 점점 늘어나 필자가 내려오기 전(2007년) 2,800여 명에서 코로나19 직전(2019년)에는 한 해 동안 18만 6천여 명으로 늘어났다. 코로나19로 2년간 잠시 주춤하다 올해는 한창때의 수준으로 복귀하고 있다. 감사하기 그지없다.

2017년부터는 '도산서원참알기도우미 해설단'을 꾸려 도산서원을 찾는 방문객에게 천 원권 지폐 뒷면 그림 현장에서 선생의 가르침을 전했다. 기회가 주어지면 강연, 칼럼 등에서 퇴계의 길을 권유했다. 그사이 책도 3권 펴내 퇴계의 인간적 면모를 더되살려 냈다.

2019년 봄에는 좀 더 많은 분들이 오랫동안 눈과 귀와 발을 퇴계와 함께하도록 새로운 시도를 했다. 450년 전 퇴계 선생이 만류하는 임금에게 간청하고 벼슬에서 물러나 고향으로 갔던 '마지막 귀향길 걷기 재현행사'였다. 당시 선생의 일정과 코스에 맞추어 13일간 서울에서 안동 도산까지 700리 길을 걸었다. 30명이 넘는 분들과 함께 필자도 완주했다. 2021년과 2022년 재현행사에도 뜻을 같이하는 분들과 참여했다. 더 많은 이들이 언제나 갈 수 있는 길이 되도록 퇴계의 길 안내서 《퇴계의 길에서 길을 묻다》도 출간했다.

퇴계 선생은 물러난 후 만인을 감복시키는 위대한 정신을 남겼다. 선생이 걸었던 그 길은 오늘날 우리 모두가 가야 할 길이다. 국은國恩을 크게 입은 필자가 도산에 얼을 남긴 퇴계 선생과 만남이 이루어졌으니 응당 앞장서서 선생의 뜻을 알려야 하지 않겠는가. 더 많은 사람이 선생과 만나 더 나은 삶을 살아가도록 해야 하지 않겠는가.

그래서 10년 전 퇴계 선생의 아름다운 일화들을 소개하기 위해 《퇴계처럼》을 냈다. 7년 전에는 도산에서 지내면서 체험하고 깨달은 선비정신을 현대인이 깨닫고 실천하게 하려고 《선비처럼》을 펴냈다. 3년 전에는 퇴계가 갔던 그 길을 독자들이 따라가며 배우고 익혀 스스로 실천하기를 바라며 《퇴계의 길을 따라》를 엮었다.

이번에는 퇴계가 추구했던 이 세상에 착한 사람이 많아지길 바라는 거룩한 소원이 후손과 후학, 그를 따르는 사람들에 의해 오늘날까지 면면히 이어지는 아름다운 광경을 새 시대를 여는 선비정신의 마중물로 삼고자 하는 염원에서 《뜻이 길을 열다》를 펴내게 되었다.

이 책의 '프롤로그'에서는 선비수련 100만 시대를 열며 도산서원선비문화수련원이 지나온 길을 돌아보고 새로운 출발을 다짐했다. 1부 '대전환 시대의 선비정신'에서는 4차 산업혁명과 포스트 코로나 시대에 우리 사회와 가정에 필요한 선비정신을 알아

보았다. 새로운 문명 속에서 선비문화의 본질은 지키면서도 형식을 변화시킨 혁신의 사례도 소개했다. 2부 '다시 찾는 선비들의 참교육'에서는 오늘날 인성교육의 문제점을 살펴보고 그 해결방안으로 옛 선비들의 교육 방법을 제시했다. 특히 조선 최고의 선비 퇴계 선생을 키워낸 퇴계집안의 지혜를 다양한 일화를 통해 보여 주었다. 3부 '큰 스승 퇴계의 향기'에서는 퇴계 선생이 남긴 발자취와 인간적 향기를 따라가며 그가 추구했던 선비정신의 현대적 가치를 조명했다. 4부 '세상의 마땅한 이치'에서는 최근 우리 사회가 직면한 문제들을 진단하고 그 해법으로 선비정신을 제시했다. 5부 '새 시대의 선비들'에서는 선비정신을 배우고 실천하는 각계각층 사람들의 이야기를 다루었다. '에필로그'에서는 유배지에서 퇴계 선생을 사숙하며 참된 선비의 길을 찾은 다산의 이야기를 통해 시공을 초월한 선비정신의 가치를 전하며 마무리했다.

　이 시대 우리에게 필요한 정신적 가치를 퇴계 선생에게서 찾는 일에 몰두하다 보니 전에 펴낸 책들과 다소 겹치는 부분도 있다. 이 점 독자 여러분께서 널리 혜량해 주길 바란다.

　여러모로 부족한 글의 출판 제의를 기꺼이 수락한 나남출판사의 조상호 회장님에게 감사의 인사를 드린다. 그리고 투박한 원고를 잘 다듬어 준 나남출판사 이자영 차장님과 도산서원선비문화수련원 강준영 팀장님에게 고마움의 뜻을 표한다.

모쪼록 이 책을 읽는 독자가 이 시대에 더욱 필요해진 선비정신에 뜻을 두고 꾸준히 실천하여 앞으로 나아가는 길이 활짝 열리기를 기원한다.

2022년 8월

김 병 일

차례

뜻있는 곳에 길이 열린다

2022년 1월 4일 필자가 몸담은 경북 안동의 도산서원선비문화수련원에서 100만 명째 수련생(서울 중계중 1학년 김도원)을 배출했다. 2001년 11월 도산서원 부설 민간기구로 설립한 지 20년 만의 결실이다. 이 시대에 절실한 퇴계의 선비정신을 100만 명이 익혔다고 크게 보도되어 주위로부터 격려와 성원도 과분하게 받았다.

출범 당시의 사정은 몹시 어려웠다. 퇴계 선생이 소원한 착한 사람이 많은 도덕사회를 구현하려는 목표와 의지는 뚜렷했으나 갈 길이 막막했다. 퇴계 종손의 발의로 문중에서 갹출한 1억 원을 기본 자산으로 설립했지만 그것뿐이었다. 수련에 필요한 건물은 도산서원과 막사 수준의 간이 건물이 전부였고, 지원인력도 은퇴한 원로 교육자 서너 분이 고작이었다.

첫 수련생은 설립 이듬해(2002년) 여름방학 때 학생 교육을 맡은 교사들이었다. 마침 새로 취임한 김휘동 안동시장과 지방교육

당국으로부터 부족한 경비를 특별 지원받아 8차례에 걸쳐 224명의 수련이 이루어졌다. 이때 여교사에게도 선생 위패를 모신 사당 문을 활짝 열었는데, 서원 창설 이래 처음 있는 획기적 사건이라 보도되며 크게 주목받았다.

이를 계기로 선비수련에 대한 호응이 날로 좋아졌다. 그렇게 입소문이 나면서 2007년에는 교사와 학생 등 2,800여 명이 이수했다. 설립 5년 만에 10배 이상 늘어난 것이다. 이에 자체 수련시설이 필요하다는 여론이 일어남에 따라 나라에서 원사를 마련해 주었다(2009년 착공, 2011년 완공).

새 원사가 갖추어지자 금융기관과 기업체 임직원 등 엘리트 직장인들의 입소가 줄을 이었다. 그들은 조직과 직장이 지속가능하려면 겸손, 존중, 청렴의 선비정신이 더욱 필요함을 느꼈다고 했다. 이렇게 반응이 뜨거워지자 다시 나라의 도움으로 5년 만에 더 큰 규모의 원사를 건립했다(2014년 착공, 2016년 완공). 두 원사를 합쳐 총 50실의 숙소와 200명 수용 규모의 강의실이 갖추어져 연간 4만~5만 명이 선비수련을 할 수 있는 규모로 성장했다.

이즈음 인성교육에 대한 사회적 욕구가 크게 증가하여 2015년에 〈인성교육진흥법〉이 제정, 시행되었다. 이에 따라 학생들의 인성교육을 위한 선비수련 수요가 폭발적으로 증가했다. 수련원 규모를 더 늘려야 한다는 소리가 커졌지만 문화재인 도산서원 인근에 건물을 계속 지을 수 없었다.

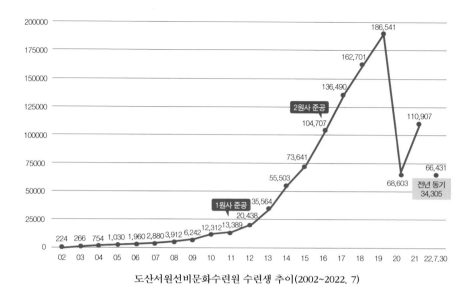

도산서원선비문화수련원 수련생 추이(2002~2022. 7)

고심 끝에 2012년부터 시범적으로 시행하던 '찾아가는 학교 선비수련'으로 돌파구를 찾았다. 학생들이 멀리 수련원까지 오지 않고 자기 교실에서 교장 선생님 출신의 수련원 지도위원들로부터 지도를 받는 방식이다. 학교와 협의하여 하루 4시간 다양한 선비체험 인성교육을 실시했다. 부모님과 선생님께 눈에 띄게 공손해지니 호응하는 학교가 늘어나 전국으로 확대되었다. 이에 힘입어 2019년 한 해에만 18만 6,000명이 이수했다. 지도위원 170여 명이 현장에 나서고 상근직원 20명이 뒤에서 지원했다.

그러다가 2020년 초 코로나19로 직격탄을 맞았다. 숙박수련은 한동안 금지되었고, 학교 또한 등교가 제한되는 바람에 입지는 점점 좁아졌다. 어쩔 수 없이 상근직원을 크게 줄이고, 남은 직원도 임금을 삭감하며 활로를 찾았지만 역부족이었다. 2020년에는 겨우 전년도 3분의 1 수준인 6만 8,000명에 머물렀다. 이런 추세가 2021년 상반기까지 이어졌다.

학생들에게 줌을 활용한 비대면 원격지도를 도입하고, 코로나로 울적한 가족들을 위해 '서원행'書院行이란 주말 힐링 프로그램을 운영하면서 다행히 조금씩 살아났다. 2021년 하반기 들어서는 위드 코로나로 분위기가 호전되면서 성당 자원봉사자, 여성 불교수행자, 대기업 노사 간부 등 열의가 높은 대상자들의 참여로 점차 활력을 찾아갔다. 이 같은 회복세로 2021년 한 해 11만 2,000명의 수련생을 배출했다. 누적으로 99만 8,000여 명에 이르렀다. 100만 명에 1,900여 명이 모자랐으나, 올해 1월 4일 드디어 100만 고지에 도달한 것이다.

2021년 연말부터 다시 코로나가 기승을 부리더니 올 3월에는 하루에 수십만 명이 확진되는 등 절정에 치닫자 예정된 수련이 또 연기되기도 했다. 하지만 위기가 기회라고 하지 않는가? 코로나 팬데믹 속에서도 인성교육은 더욱 필요하다고 많은 사람이 공감하고 있다. 4월부터 코로나 확산세가 꺾이자 학교를 필두로 수련 수요가 크게 늘어나 7월 말 현재(66,431명) 작년 동기(34,305명)보다 배 가까이 증가했다.

이런 회복 추세에 부응하는 길은 100만 명 달성에 안주하지 않는 것이다. 이를 밑거름 삼아 200만, 300만 시대를 열어 우리 사회에 착한 사람이 많아지도록 작은 힘이나마 보태려 한다. 뜻이 있는 곳에 길은 계속 열릴 것이다. 이제 머뭇거리지 않고 그 길을 힘차게 나아가야겠다.

대전환 시대의 선비정신

1

포스트 코로나 시대의 인성교육

코로나19의 대유행으로 너나없이 변화된 생활방식 때문에 큰 어려움을 겪고 있다. 대표적인 예가 대외활동의 자제로 집에서 머무는 시간이 더 길어진 것이다. 주부 입장에서는 재택근무 하는 남편과 개학이 연기된 자녀가 온종일 집에 있으니 삼시 세끼를 꼬박 차려내야 하는 등 시간이 지날수록 점점 부담이 커지고 있다.

육체적·물질적 부담보다 주부들을 더욱 힘들게 하는 것은 가족, 그중에서도 자녀와의 관계인 듯하다. 밖에 나가 있을 때는 미처 몰랐던 아이들의 언행을 더 오래 접하다 보니 언짢은 표정과 잔소리가 늘 수밖에 없다. 게다가 그런 어머니의 걱정을 순순히 받아들이며 고치려는 아이가 얼마나 되겠는가.

이렇듯 새삼스레 알게 된 자녀의 잘못된 언행을 고쳐 주려다가 실망한 젊은 엄마들이 적지 않다는 이야기가 주위에서 들린다. 특히 사춘기 자녀를 둔 어머니들은 자녀의 행태 때문에 분

통을 터트리곤 한다. 온라인 수업에 들어가면서 손가락만 까딱하면 되는 '댓글 출석' 클릭도 어물어물하다가 지각하기 일쑤이기 때문이다. 이러한 습성은 부모의 바람과 달리 쉽게 고쳐지지 않는다. 학교 수업시간에 자는 학생이라면 집에서 받는 온라인 수업에도 늦는 것쯤은 예사로 생각하지 않겠는가. 이러한 일들이 계속되다 보니 '애들 인성교육은 가정에서는 어찌할 수 없고, 학교에서 단체생활을 통해서나 바로잡을 수 있겠구나' 하며 이제나저제나 등교 수업을 기다리게 되었다.

이러한 생각은 되짚을 필요가 있다. 아이들의 습관은 공동체에서뿐만 아니라 어디서든지 나타날 수 있다. 세 살 버릇 여든까지 간다는 말이 있다. 이 말은 곧 학교교육 이전에 가정에서 부모의 역할이 자녀의 인성 발달에 더 결정적임을 의미한다. 아이는 부모의 말보다 행동을 보고 따라 한다. 따라서 학교교육에 기대기 전에 이제부터는 부모가 아이에게 어떤 행동을 보여 줄 것인지 심사숙고하고 실천해야 한다.

부모에 이어 인성교육의 막중한 역할을 넘겨받은 학교도 그 역할을 지금보다 강화해야 한다. 4차 산업혁명으로 상징되는 새로운 환경변화에 따라 지식교육 방면에서 학교와 교사의 역할은 갈수록 한정적일 수밖에 없다. 인공지능AI과 함께하는 삶은 더 이상 다르게 선택할 수 없는 문명사적 숙명이다. 그렇다면 학교에서 교사들은 새로운 인성지도 방법을 고민해야 할 것이다.

새로운 인성교육의 일환으로 도산서원선비문화수련원에서
'부모님과 함께하는 인성여행'을 개최했다. ⓒ 도산서원선비문화수련원

지금의 아이들에게 말과 글 중심의 인성교육이 통하겠는가. 부모의 말도 한계가 있는데, 교사의 말이라고 특별히 통할 리 만무하다. 오직 학생을 사랑하는 스승의 인자한 모습이 우선일 것이다.

가정에서 부모가 이전과 다르게 스스로 아름다운 언행으로 모범을 보이고, 학교에서도 교사가 환한 얼굴로 항상 따뜻하게 맞는다면 학생들이 어떻게 반응하겠는가. 해맑고 밝은 모습으로 조금씩 변화할 것이 틀림없다.

이런 일이 결코 꿈이 아닌 현실이 되어야 한다. 이것이 바로 학생과 부모, 교사 그리고 우리 모두가 궁극적으로 행복해지는 길이다. 나아가 우리나라가 세계로부터 존경받는 선진국으로 도약하는 길이다. 세계로부터 인정받은 우리나라의 방역은 선진적 의료와 보험체계뿐만 아니라 급박한 가운데서도 매점매석하지 않는 시민, 오래 땀 흘린 의료인 등 지속적으로 보여 준 절제와 배려의 도덕적 힘이 바탕이었다. 이쯤에서 우리는 동방예의지국으로 칭송받았던 조상들의 문화유전자가 우리에게 면면히 흐름을 되새겨야 한다.

　퇴계 선생의 소원인 '착한 사람이 많은 도덕사회'는 하루아침에 구현되지 않는다. 우리 모두가 일상생활에서 인의예지仁義禮智를 지향하는 선비정신을 배우고 실천할 때 비로소 이루어진다. 코로나 팬데믹 이후 아이들 인성교육의 중요성을 느낄 때마다 우리가 항상 떠올려야 할 사실이 아닐까 생각한다.

조선 여인들의 '공수인사'에 담긴 지혜

코로나 팬데믹 이전까지 상상하기조차 어려운 변화를 요즘 무수히 겪으며 지내고 있다. 가장 눈에 띄는 변화 중 하나가 재택근무와 온라인 수업처럼 비대면 접촉이 확대되는 것이다. 얼마 전까지 실내 행사는 말할 것도 없고 실외에서 열리는 행사와 스포츠 경기도 크게 위축되었다. 이런 현실에서 우리는 어떻게 해야 할까. 당연히 개인 방역은 필수다. 덥더라도 마스크를 꼭 착용하고 손 씻기를 철저히 해야 한다. 그리하여 확진자의 비말이 내 몸에 들어오는 것을 되도록 차단해야 한다.

악수로 인한 타인과 신체 접촉도 반드시 짚어야 할 문제이다. 서양식 인사법인 악수는 우리에게도 아주 자연스러운 문화가 된지 오래다. 그런데 코로나 시대에는 이 악수가 손의 청결 유지와 타인과의 거리두기에 정면 배치되는 가장 경계해야 하는 행위가 되었다. 코로나19 발생 이후 동서양의 모든 나라가 악수 자제를

도산서원선비문화수련원에 입소한 수련생과 임직원이 공수인사를 하고 있다.
ⓒ 도산서원선비문화수련원

권하고 있다. 대안도 등장했다. 주먹을 쥐고 마주치거나 간혹 팔뚝을 부딪치는 것이다. 하지만 익숙지 않아 어색하고 보기에도 별로라 뿌리내리지 못했다. 요즘에는 코로나에 대한 경계심이 완화되면서 악수 문화가 다시 되살아나고 있어 걱정이다.

그렇다면 신체접촉을 하지 않으면서 상대방을 존중하는 인사 방식은 없을까. 하나 있다. 바로 우리나라 유치원 어린이나 초등학생들이 어른들에게 하는 이른바 '배꼽인사'이다. 두 손을 가지런하게 모아 잡아 배꼽 위에 얹고 허리를 숙이는 인사법이다. 이 인사를 할 때 어린아이의 표정은 아주 의젓하고 아름답다. 인사를 받는 어른도 흐뭇해한다.

악수 문화가 없었던 우리 선조들은 인사를 어떻게 했을까. 실내에서는 남녀노소가 각기 예의에 맞는 절을 했지만, 밖에서도 차이가 있었다. 여성은 요즘 배꼽인사와 비슷하게 오른손으로 왼손을 감싸 가지런하게 모은 공수拱手 자세를 취한 후 두 손을 배꼽 위에 얹고 허리를 굽혀 인사했다. 이에 비해 남성 선비들은 읍례揖禮를 행했다. 왼손으로 오른손을 감싸 배꼽 위에서 맞잡은 양손을 얼굴 가까이 올리며 예를 표하는 방식이다. 이때 양손을 올리는 높이는 상대에 따라 달리했다. 아마도 전통 복식의 특성상 이 읍례가 자연스러웠던 것 같다. 지금도 도산서원에서 전통의례를 할 때는 남녀가 각기 이 방식을 따른다.

하지만 선비가 하던 전통 읍례는 서양 복식문화가 주류인 오늘날엔 매우 어색하고 불편하다. 그래서 도산서원선비문화수련원에서는 여러 해 전부터 여성뿐만 아니라 남성 수련생에게 공수를 한 후 허리를 30도 정도 숙여 인사하는 이른바 공수인사拱手人事를 권한다. 상대방을 존경하는 인사이기 때문에 선비체험 중에는 물론이고 밖에 나가서도 실천하도록 권장한다.

미증유의 코로나 재앙의 시대이다. 타인과의 접촉을 최대한 줄이지 않으면 안 된다. 악수 문화가 비록 오래되었지만 나의 안위와 생명보다 더 소중한, 꼭 지켜야 할 습관일 리 없다. 그동안 익숙한 악수 문화와 결별할 각오를 하고 대안을 찾아야 한다. 상대방을 더 존중하고 공경하는 우리 고유의 공수인사가 있다는 것은 아주 다행이다.

이제부터라도 동방예의지국으로 찬사받았던 조상들의 공수인사를 적극 실천하자. 웃어른과 지도층부터 앞장서면 더욱 좋을 것이다. 지금의 한류 붐에 공수인사가 더해져 세계로 퍼져 나간다면 지구촌의 코로나 팬데믹 근절에도 큰 도움이 될 것이다. 그러면 세계인으로부터 주목받는 K-방역에 이어 또 하나의 K-문화로 각광받을 수 있을 것이다. 어떤가. 시도할 가치가 충분하지 않은가.

4차 산업혁명과 선비정신

기업의 궁극적 목표는 누가 뭐래도 영속경영이다. 누군들 반짝하고 문 닫고 싶겠는가. 그런데 기업경영을 둘러싼 대내외 여건은 점점 팍팍해져 문 닫는 기업이 늘어나고 있다. 언제든지 닥칠 수 있는 어려운 여건에 부딪쳐도 쓰러지지 않으려면 기업 스스로 내공을 쌓고 체질을 강화해야 한다. 세계적 문명사학자 아놀드 토인비Arnold Toynbee (1889~1975년) 는 찬란한 문명은 하나같이 어려운 환경에서 도전을 통해 이룩되었다고 명쾌하게 밝힌 바 있다.

영속경영을 위한 노력을 소홀히 하는 기업은 없다. 많은 기업이 경영전략과 기법 개선, 신기술 개발, 새로운 사업영역 개척 등에 매진한다. 그럼에도 기업의 존속기간은 점점 단축되고 있다. 지금까지의 방식으로는 한계가 있는 듯하다. 따라서 앞서가는 기업들은 새로운 경영전략들을 시도하고 있다. 추구하는 가

치를 단순한 매출 증대에서 소비자의 행복한 삶에 기여로 옮겨
가는 것이 좋은 예다. 또 지금까지 등한시했던 내부의 종업원뿐
아니라 협력업체나 지역사회 등 외부 파트너의 호감을 얻는 데
도 공을 들인다. 요컨대 안팎으로부터 신뢰와 협조를 이끌어내
기 위해 '사람'에게 눈길을 돌리는 시대가 도래한 것이다.

한편 이미 시작된 4차 산업혁명은 엄청나게 빠른 속도로 변화
하고 있다. 그 결과 생활이 편리해지는 이점도 있지만 부작용이
더 치명적일 수 있다. 인공지능을 갖춘 로봇이 인간의 일자리를
급속하게 대체하는 것이 대표적인 예다. 지식과 기술로는 인공지
능을 당해낼 수 없다. 그렇다면 인간은 쓸모없는 존재가 될 것인
가. 반드시 그렇지는 않다.

먼저 새로운 가치를 창조하고 융합하는 능력이 지금보다 더 요
구될 것이다. 그리고 중요한 자질이 하나 더 있다. 로봇은 할 수
없고 인간만이 할 수 있는 능력을 키우면 된다. 그것은 다름 아니
라 타인을 품는 공감능력이다.

이제 관건은 창의력과 융합능력을 지닌 신지식인으로서 공감
능력과 인간존중의 바른 인성을 함께 갖춘 새 시대 인재를 길러
낼 가장 타당한 방안을 찾는 것이다. 이는 이 시대에 국한하지
않고 시공을 초월해 동서고금의 넓은 세상에서 찾는 것이다.

그 까닭은 우리는 예나 지금이나 배움의 속성은 변하지 않는
다는 사실과 인간의 마음은 한결같다는 사실을 주목해야 하기

밥상머리교육은 가족이 모여 함께 식사하면서 대화를 통해 가족 간의 유대감을 높이고 인성을 가르치는 우리 전통의 교육 방법이다.

때문이다. 요약하면, 앞의 것은 '지식'의 문제이고 뒤의 것은 '인성'의 문제이다.

먼저 지식은 요즘처럼 이것저것 그저 읽고 듣고 쓰기만 하는 공부, 즉 널리 배우는 박학博學만으로는 창의력과 융합능력을 기르기 어렵다. 우리 조상들은 박학에서 시작하되 배운 것을 깊이 묻고 답을 찾는 심문審問과 그 결과를 신중하게 생각하는 신사愼思, 이를 토대로 분명하게 판단하는 명변明辯, 그리고 독실하게 실천하는 독행篤行 등 단계별 공부를 중시했다. 그 결과 15세기 전반 세계적 발명품(62개) 중 거의 절반(29개)이 우리나라에서 나왔던 최고 과학문명국이었다.

다음으로 인성은 솔선수범만이 답이다. 아이들은 보는 대로 배우고 따라 한다. 말과 글만으로는 절대 가르칠 수 없다. 그러면 어느 때 이런 인성교육이 제대로 이루어졌을까. 우리가 동방예의지국이라고 칭송받은 이유를 생각하면 답이 금방 나온다. 선조들의 전통적인 무릎교육과 밥상머리교육이 그 원동력이라는 점을 부인할 수 없기 때문이다.

　지금부터 선비들의 공부법을 익혀 노벨상 수상자를 다수 배출하는 세계 최고의 과학문명 국가가 되도록 하자. 그리고 선비들의 무릎교육, 밥상머리교육을 하루빨리 복원하고, 인류의 변치 않는 도리인 오륜을 오늘에 맞게 실천하여 동방예의지국을 하루빨리 부활시키자. 그리하여 새 시대에 필요한 창의력과 공감 능력을 갖춘 지성인을 길러내 세계인으로부터 사랑과 존경을 받도록 해야 한다.

21세기 진성리더십과 퇴계

빠르게 변해가는 시대에 그 옛날 퇴계의 리더십은 여전히 의미를 지닐 수 있을까? 필자가 늘 고심하던 문제이다. 그런데 얼마 전 그 답을 찾을 기회를 얻었다. 도산서원선비문화수련원을 방문한 윤정구 이화여대 교수와 '진성리더십'authentic leadership에 관해 대화를 나눈 자리에서다. 이 분야 연구를 이끄는 윤 교수 설파는 이렇다.

회사의 주주 이익을 극대화하는 주주자본주의는 끝나고 있다. 3년 전 미국 대기업 경제인 단체 BRT가 회사의 기본 경영방침을 주주 중심에서 고객, 종업원, 협력업체 등 이해관계자 중심으로 전환하겠다고 선언한 것이 대표적이다. 남들의 성공을 돕는 일에 성공함으로써 조직의 이익과 성공이 따라오도록 하는 것이 대세인 시대이다.

이 흐름에 앞장선 기업을 공의共義기업이라 한다. 자신이 속한 생태계를 더 건강하고 행복한 곳으로 공진共進시키는 것을 존재 목적으로 삼고 가진 역량을 여기에 집중하는 기업이다. 공의 기업 리더가 '진성리더'다. 사명을 갖고 자신과 구성원의 역량을 키워 이들과 협업하여 조직과 세상을 더 행복하고 건강하게 변화시키는 사람들이다.

이들 진성리더가 만들어가는 근원적 변화는 4단계를 거쳐야 도달된다. 첫째, 사명에 대한 진정성眞正性의 단계이다. 진실〔眞〕되고 바른〔正〕 스토리를 만들어 미래에 대해 약속하는 것이다. 둘째, 한자가 다른 진정성眞情性의 단계이다. 이 단계에서 진성리더는 시련에 부딪혀도 포기하지 않고 치열하게 사명을 실천함으로써 진정성을 구성원에게 검증받는다. 검증되면 리더는 구성원들 마음속에 리더로 태어난다. 이 단계는 9%만 통과할 정도로 고통과 시련의 과정이다. 셋째, 구성원들이 사명의 실현을 위해 자발적으로 협업하여 진실眞實의 열매를 맺는 단계이다. 성공과 기적의 변화가 일어나고, 리더십의 민주화도 따라온다. 넷째, 진리眞理의 단계로서, 이에 이르면 최고 브랜드가 되어 남들이 카피한다. 주위 생태계가 모두 본받는 공진화 단계에 도달하는 것이다.

설명을 들으니 퇴계야말로 진성리더라는 생각이 들었다. 그가 열어간 공동체의 변화 과정을 살펴보면 자명해진다. 퇴계는 소원선인다所願善人多, 즉 이 세상에 착한 사람이 많아지는 것을 소명으로 삼았다. 사화土禍의 시대를 살면서, 말세적 현상의 타개를 위해서는 임금 한 사람에게 의존하기보다 착한 백성이 많아지도록 교화하는 것이 더 중요하다고 본 것이다. 그러려면 백성이 본받고 따를 수 있는 리더(선비)를 많이 길러내야 한다. 이를 위해 고향에 작은 서당을 열어 연구와 후학양성에 매진했다. 전국에 걸쳐 서원 창설에 적극적으로 나섰다. 진성리더의 첫 단계인 진정성眞正性을 엿볼 수 있다.

사명을 실현하는 일에 매진하기 위해 벼슬을 멀리했다. 나가더라도 이내 물러났다. 벼슬은 누가 대신할 수 있어도 소명으로 삼은 일은 중단할 수 없는 '자신의 일'[吾事]이라 생각했기 때문이다. 일상의 삶에서 모든 사람을 배려하고 존중하며 착한 사람의 모범을 보였다. 주위 사람들도 점차 감동하여 우러르게 되었고, 퇴계의 큰 뜻에 관한 소문이 온 나라에 퍼져 나갔다. 명종은 퇴계가 그리워 '현인을 불렀으나 나오지 않는 것이 한스럽다'는 제목으로 시를 짓게 하고, 도산의 경치를 병풍에 담아 머리맡에 두었다. 선조 또한 어린 자신을 도와달라고 5개월 동안 일곱 차례 서신을 보냈지만, 성군이 되는 가르침인 〈성학십도〉를 바치고 물러났다. 두 번째 진정성眞情性의 단계를 패스한 것이다.

소문이 퍼져 나가자 제자들이 몰려들었고, 편지로 질의해 오는 후학도 늘어났다. 자연스레 학풍이 형성됐고 사후 그의 학문과 정신은 거대한 학맥으로 이어졌다. 우리나라가 학문과 예의를 숭상하는 나라로 자리 잡을 수 있었던 것도 이에 힘입은 바 크다. 나라가 어려워졌을 때 그의 후학과 후손들이 의병활동과 독립운동에 앞장선 것도 그의 철학이 뿌리로 작용한 결과이다. 안동의 독립유공자가 타 지역보다 월등하게 380여 명에 이른다는 것이 말해준다. 세 번째인 진실眞實의 단계에 도달한 것이다.

우리에게 남은 과제는 마지막 단계로 퇴계의 인간과 자연 존중 사상과 실천철학을 국내를 넘어 글로벌 진리가 될 수 있도록 재조명해 부활시키는 일이다. 이런 생각에서 수련원 가족 전원은 윤 교수를 화상으로 다시 만나 강의를 듣고 실천을 재다짐했다. 퇴계 사상을 진리로 공진화시키는 주체로서의 진정성을 얻기 위해 우리는 두 가지에 집중하기로 했다. 하나는 구성원이 각자 일상의 삶 속에서 퇴계를 살려내는 일과 수련 활동에서 주변에 감동 주는 솔선수범을 행하는 것이다. 또 하나는 급변하는 토양을 공부하여 수련 내용을 맞춤식으로 전달하는 것이다.

우리의 노력으로 세상에 착한 사람이 조금 더 많아진다면 퇴계도 우리를 기특하게 여길 것이다.

조화로운 세상을 만드는 법

갈등공화국 대한민국을 이대로 두면 큰일 날 것 같다. 이념갈등은 더 날카로워지고 빈부갈등과 지역갈등도 여전한데, 새로이 세대갈등과 남녀갈등까지 격화되고 있다. 이 망국적 갈등은 누구의 책임이며, 또 누가 해결할 것인가? 흔히들 정치권의 책임이 가장 크니 정치지도자가 나서서 해소해 주길 기대한다.

정치권 책임과 정치지도자 영향력이 제일 큰 것은 사실이다. 그러나 내용들을 들여다보면, 갈등의 뿌리는 정치권 외에 우리 주변에도 널려 있다. 가까운 예로 가정에서는 부모 자식 사이 세대갈등과 부부간 남녀갈등이 수시로 일어나고, 직장에서는 상사와 부하직원 사이 세대갈등과 직원 간 남녀갈등이 빈발한다. 우리는 언제 어디서든 갈등의 피해자도 되고 가해자도 된다. 이런 상황에서 개인의 삶의 질은 떨어지고, 조직은 조직대로 불화로 몸살을 앓는다. 갈등 해소는 이제 시대적 과제로 떠올랐다.

그러면 갈등 해소를 위해 누가 먼저 나서야 할까? 남에게 기대기보다 각자 먼저 노력하는 것이 현명한 길이다. 정치지도자에게 요구해도 조속한 해결을 기대하기 어렵다. 배우자나 자녀에게 타일러도 잘 따르지 않고 오히려 감정만 상해 관계가 더 멀어지기 십상이다. 퇴계는 형제간에도 충고해 달라고 하기 전에는 하지 말라고 했다. 공자 또한 어떤 일이 잘못되었을 때 군자는 남 탓하지 않고 원인을 자기에게서 찾아 고친다고 했다.

왜 그렇게 해야 할까? 갈등을 유발하기 쉬운 '남이 그르다'는 나의 생각이 잘못이기 때문이다. 퇴계는 "천하에 옳은 진리가 한없이 많은데 어찌 나만 옳고 남은 그르다고 할 수 있는가"라고 했다. 〈동재에서의 소회를 읊다〉東齋感事라는 시에는 이러한 그의 생각이 고스란히 담겨 있다.

닭 울자 일어나 각기 부지런을 피우는데	雞鳴而起各孶孶
손닿는 것 모두가 선행과 이익의 기미 아닌 것 없네	觸手無非善利幾
다만 남 공격으로 자책을 잊어서는 안 될지니	莫只攻人忘自責
잠시라도 경계하지 않으면 소인으로 귀착되고 말리라	斯須不戒小人歸

이 시에서 퇴계가 전하고자 하는 메시지는 분명하다. 모든 상황에서 소인이 되지 않도록 남을 공격하기보다 자신의 책무를 잊지 말라는 것이다.

갈등의 원인을 없애려면 구체적으로 무엇부터 실천해야 할까? 우리 조상의 대표적 윤리규범인 오륜五倫에서 그 실마리를 찾을 수 있다. 윗사람에 대한 복종의 윤리를 강조하는 삼강三綱과 달리 오륜은 쌍무적雙務的 규범이다. 주지하듯이, 아버지와 아들 사이에 친애가 있어야 함을 일깨우는 부자유친父子有親을 필두로 임금과 신하 사이에 의리가 있어야 한다는 군신유의君臣有義, 남편과 아내 사이에 분별이 있어야 한다는 부부유별夫婦有別, 어른과 아이 사이에 순서가 있어야 한다는 장유유서長幼有序, 친구 사이에 신의가 있어야 한다는 붕우유신朋友有信 등 다섯 가지 도리이다.

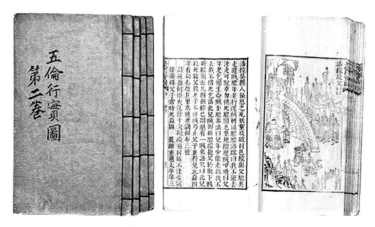

《오륜행실도》, 1859년 중간본.
조선시대 정조의 명으로 편찬된 《오륜행실도》는 효자, 충신, 열녀 등 오륜의 덕목을 지킨 중국과 한국 인물 150명의 행적을 글과 그림으로 소개했다. ⓒ 국립중앙박물관

도산서원선비문화수련원에서 지도위원 배우자에게 부부간의 도리를 가르치는 배우자 수련을 실시했다. ⓒ 도산서원선비문화수련원

　시대에 뒤떨어진 느낌이 언뜻 들지 몰라도 오늘날의 인간관계에도 딱 맞게 활용할 수 있다. 먼저 부모의 자식 사랑은 동물도 하는 일방적인 내리사랑에 그쳐서는 안 된다. 그 차원을 넘어 무엇보다 자식을 인격체로 존중해야 한다. 그러면 자식은 부모의 예우에 감화하여 평생 효도할 것이다. 임금과 신하의 관계는 국가와 국민의 관계로 치환하여 주권자의 눈높이에 맞추어 각자 올바르게 처신하면 된다. 부부간의 분별은 양성평등 시대에 맞게 서로 역할을 인정하고 존중하면 된다. 그러면 가정은 저절로 화목하게 될 것이다.

　요즘 장유유서를 잘못 이해하여 어른이 모든 것을 선점하거나 독식하면서 세대갈등의 뇌관이 되고 있다. 옛날처럼 어른은 아이를 아끼고 아이는 어른을 공경하는 서로 보듬는 문화를 되찾는 것이 모두가 평생 행복하게 사는 길임을 명심해야 한다. 친구 간에는 신의가 있어야 한다는 것은 변함없는 진리이다. 내가 친구를 필요할 때만 찾거나 이용한다면 누가 나를 친구로 여기겠는가? 세상에 그런 바보는 없다.

이처럼 오륜의 취지를 살펴 오늘날 자신이 처한 입장에서 관계 맺은 이들에게 잘 실행한다면 갈등이 생길 리 만무하다. 내가 한 사람 한 사람 오륜에 맞게 대하면 상대도 나뿐만 아니라 관계 있는 사람들에게 차츰 그렇게 대할 것이다. 이것이 확산되면 가정과 학교, 직장과 지역, 국가와 인류사회로 퍼지리라. 한 방울 한 방울 물이 모여 시내를 이루는 적수성천滴水成川의 이치처럼 말이다.

4차 산업혁명 시대가 도래했다. 첨단과학의 혜택도 있지만, 인공지능과 첨단기술이 인간의 역할을 빠르게 대체하여 불안감이 엄습하고 있다. 이런 상황에서 인간이 무용지물이 되지 않는 가장 확실한 길은 인공지능이 따라올 수 없는 따뜻한 인품을 간직하는 것이다. 사람 사는 이치가 바뀌지 않는 한, 오륜은 늘 우리의 삶을 돌아보게 하는 거울이 될 것이다.

퇴계 선생과 후손들, 줌으로 만나다

2021년 1월 20일(음력 12월 8일) 거행한 퇴계 선생의 불천위 제사
不遷位 祭祀는 예년과 사뭇 달랐다. 코로나19 탓에 참가자는 마스
크를 썼고, 현장에 오지 못한 사람은 화상으로 참여하는 진풍경
이 펼쳐진 것이다. 4대까지 지내는 일반 제사와 달리, 퇴계처럼
나라에 큰 공이 있거나 학식과 덕망이 아주 높은 분은 세월이 흘
러도 사당에서 신주를 옮기지 않는 불천위 不遷位로 모시고 해마
다 제사를 지낸다.

성격이 이렇다 보니 퇴계 선생 불천위 제사 때면 후손은 물론
다른 문중과 유림, 연구자, 도산서원과 선비문화수련원 관계자
등 제관 수백 명과 이를 알리려는 취재진이 모여들어 종택의 제
사 공간인 '추월한수정'秋月寒水亭 마당까지 가득 들어차곤 한다.
특히 선생이 세상을 떠난 지 450주년 되는 해였기 때문에 제사
참여 희망자는 어느 때보다 많았다. 강화된 사회적 거리두기 시

퇴계 종가에서 지낸 퇴계 선생 불천위 제사에 참여치 않은
한 제관이 자기 집에서 줌을 활용해 화상 제사를 드리고 있다.
ⓒ도산서원선비문화수련원

책으로 인해 이들을 모두 수용하는 것은 불가능하였다.

그러던 차에 퇴계의 학문을 연구하고 생활에서 실천하는 것을
목적으로 구성된 '도산서원 참공부 모임'의 멤버이자 한문학계 중
진인 허권수 경상대 명예교수(70세)가 줌Zoom 방식의 '화상 제사'
아이디어를 제안하여 초유의 비대면 불천위 제사를 치르기에 이
르렀다. 화상 제사가 처음이고 연세 드신 분에게는 익숙지 않은
방식임에도 서울, 대구, 진주, 안동 등 전국 각지에서 30여 명이
참여했다. 이들은 컴퓨터 화면에 나타난 불천위 신주와 제물을
차린 제사상을 앞에 두고 처음부터 끝까지 현장의 제관들과 똑같
이 의식을 행했다. 처음이라 다소 생소하고 현장감도 덜했으나,

비대면 사회로 접어드는 시점에서 존경하는 어른의 제사에 참여하는 것 자체가 잊지 못할 기회였다는 반응이 중론이었다.

때가 때인 만큼 450년 만에 처음으로 제사 참여자들에게 음복도 식사도 제공되지 않았다. 종가 입장에서는 참으로 미안한 일이었으리라. 하지만 "몹쓸 바이러스로부터 부모가 물려준 소중한 생명을 잘 보전하는 것이 효도의 첫걸음"이라며 서로 웃으며 종택을 나섰다.

이 같은 시대 변화에 따른 혁신은 퇴계 선생의 삶과도 맥락을 같이한다. 제자들이 기록한 《퇴계 선생 언행록》에서는 "선생은 장남이 아니었기에 관직생활 등으로 제사에 참여하지 못할 때면 날을 기다려서 축문과 밥, 국은 생략하고 지방을 갖추고 떡과 면만 차려 제사를 지냈다"고 전한다. 이를테면 큰집에 모셔진 신주와 비대면 상태로 제사를 지낸 것이다. 또 자신의 상례에 대한 유언에서는 "지금의 세상에도 마땅하고 옛날과도 크게 동떨어지지 않도록 하라"(의어금이불원어고宜於今而不遠於古)고 일렀다. 옛 제도에 크게 벗어나지 않는 범위 내에서 살아 있는 사람의 사정과 형편을 살피라는 가르침이다.

퇴계 종가는 이런 선생의 가르침에 따라 시대 변화에 꾸준히 부응해 왔다. 새벽 1시경에 지내던 제사를 2014년부터 초저녁 제사로 바꾸어 참여자들의 부담을 덜어 주었다. 비싼 유밀과油蜜果를 차리지 말라는 선생의 유언에 따라 조촐한 제수도 더 간소화했다. 2020년 가을에는 도산서원에서 유교국가 조선 개국 이후 처음으로 여성이 첫 잔을 올리는 '여성 초헌관初獻官 시대'를 열기도 했다.

이런 변화는 다른 종가와 유림에도 점차 확산되고 있다. 조상의 제사를 받드는 봉제사奉祭祀는 종가의 가장 중요한 책무인 까닭에 현실적으로 급격한 수용이 쉽지 않다. 그러나 '제사라는 고유의 전통문화 틀에서 멀리 벗어나지 않고 시대에 부응해야 한다'는 인식은 공유하고 있다. 바쁜 도시생활로 오고 싶어도 오지 못하는 자손에게 비대면으로라도 조상을 만나 절할 기회를 준다면 좋을 것이다. 또 오려 하지 않는 자손도 온라인으로나마 찾게 한다면 의미 있을 것이다.

이것은 일반 가정도 마찬가지다. 아무쪼록 이런 변화가 더욱 확산되어 제사의 정신은 지켜 나가되, 절차나 방식은 혁신하여 조상과 후손의 만남이 오래 이어지길 염원한다.

온택트 세상에 접속하는 선비들

코로나19의 어려움 속에서도 우리 사회는 겉보기에 큰 동요 없이 유지되는 듯하다. 하지만 타인과의 교감을 통해 얻는 마음의 안식과 상호 이해, 유대감 등은 비대면 사회에서 그전처럼 느끼기 어렵다. 이것이 쌓이면 지식습득과 업무처리, 인간관계 등 삶의 모든 영역에서 적지 않은 문제가 발생하리라는 것은 불 보듯 뻔한 일이다.

이런 문제들을 해소할 수 있다고 하여 최근 각광받는 것이 비대면untact 상황에서 온라인으로 외부와 연결하는 온택트ontact 소통이다. 직접 마주 앉아 이야기하는 느낌을 가질 수 있고, 여러 명이 동시에 모여 마음껏 대화할 수 있는 방식이다. 특히 학교에서는 교사가 이를 통해 학생들과 쌍방향으로 소통하면서 면대면 수업 효과를 이미 일정 부분 거두고 있다. 그러니 잘만 활용하면 다른 사람과 어울리지 못하는 데서 오는 소통의 부재나 인성함양의 부족함도 채울 수 있다.

필자가 있는 안동의 도산서원선비문화수련원에서도 이러한 시대적 흐름에 능동적으로 대처하기 위해 지도위원들에게 줌 방식을 익히는 직무연수를 실시했다. 앞으로 비대면 수련 요청이 늘어날 것에 대비하여 온택트 러닝 능력을 키우기 위해서였다.

물론 처음에는 곡절이 많았다. 대부분 교장 선생님으로 퇴직한 60대 중후반 지도위원들이 디지털 세대의 눈높이에 맞는 수련 방식을 익힌다는 것은 여간 힘들고 어려운 일이 아니기 때문이다. 이를 숙달하기 위해 160여 명이 한자리에 모인다는 것도 어렵기는 마찬가지라 사회적 거리도 확보할 겸 세 차례로 나누어 연수를 실시했다. 또한 '이 나이에 배운다고 할 수 있을까?'라는 막연한 두려움을 최소화하기 위해 현재 교육 현장에서 이 방식으로 수업을 진행하는 후배 교사 두 명을 강사로 초빙했다.

그런데 실제 연수 과정에서는 이런 염려들이 기우였음이 드러났다. 밤 9시까지 3시간으로 예정된 연수가 자발적으로 10시까지 진행되었다. 컴퓨터 능력에 한계가 있는 분들이지만, 이 기회에 관련 소양을 확실하게 익혀야겠다는 의지가 읽혔다. 높은 참여도와 집중도도 느낄 수 있었다.

연수 후에는 하나같이 '해냈다'는 자긍심과 '할 수 있다'는 자신감이 얼굴에 가득했다. 연세가 지긋한 분들이었기에 더욱 뿌듯하게 자신을 바라보는 듯했다. 인성함양을 위해 봉사하는 60대

도산서원선비문화수련원 지도위원들이 젊은 현직 후배 교사로부터
줌 교육을 받고 있다. ⓒ 도산서원선비문화수련원

어르신들에게 여러모로 좋은 경험이었음이 분명했다. 이에 힘입어 연수가 끝난 후에도 관련 지식을 잊지 않고 현장에서 잘 적용하도록 2차, 3차 복습 기회를 가지고 있다. 덕분에 교육 현장에서 자신감과 안정감이 더 생겼다는 반응이 많다.

연수를 발의하고 성과가 있기를 소망한 필자도 여러 가지 소회가 스쳤다. 시대의 대세에 뒤처지거나 주저앉아서는 절대로 안 되겠다는 것을 새삼 깨달았다. 뿐만 아니라 구성원들과 진지하게 터놓고 협의하여 결정하면 나이나 미숙함은 결코 극복하지 못할 장애가 아니라는 사실도 다시 한 번 마음 깊이 새기게 되었다.

코로나19로 인한 비대면 사회가 언제까지 지속될지는 가늠하기 어렵다. '코로나 블루'라는 말이 생겨날 만큼, 이런 상황이 지속될수록 사람들이 겪는 우울감과 고독감 해소는 더 큰 이슈가 될 것이다. 게다가 코로나가 수그러들더라도 비대면 사회는 이제 새로운 일상이 되리라고 전문가들은 입을 모은다. 오늘날 급변하는 시대에는 모두 새로운 변화에 적응할 수 있도록 노력해야 한다.

이런 의미에서 60대 선비수련원 지도위원들의 연수 사례는 곱씹어 볼 가치가 있다. 이 경험이 이 시대 어르신들에게 널리 공유되어 새로운 문화와 함께하거나, 적어도 뒤처지지 않는다면 참으로 좋겠다.

오늘날 선비정신은 왜 필요한가?

도산서원에서 강의나 수련을 진행하다 보면 자주 듣는 질문들이 있다. 세대나 성별, 직업에 따라 조금씩 차이가 있긴 하지만 공통된 내용이 많다. 이를 정리하여 각 부마다 관련 문답으로 제시하면 독자들과 직접 만나 대화하듯이 흥미롭게 이야기를 풀어 갈 수 있으리라 기대하여 '7문 7답' 코너를 마련했다.

　우선 선비와 선비정신의 개념, 4차 산업혁명과 포스트 코로나 시대에 선비정신이 필요한 이유 등에 대해 살펴보겠다.

선비란 무엇입니까? 아주 익숙하고 잘 아는 듯하지만 막상 설명하려고 하면 말문이 막힙니다.

선비의 어원이나 기원에 대해서는 아직 통일된 의견이 없으나 분명한 것은 선비는 인격적 개념이라는 것입니다. 선비는 지와 덕을 겸비하고 의리와 범절을 지키며 자신에게 엄격하고 남에게 관대한 박기후인薄己厚人의 정신과 겸손의 자세로 사는 사람들을 말합니다. 이를 위해 먼저 자신의 윤리적 수양에 힘쓰고 이를 발판으로 남을 교화시켜 도덕사회를 구현하는 것을 소임으로 삼는 이상적 인격체가 곧 선비입니다.

조선의 선비는 실제로 높은 식견을 갖추고 타인을 배려하며 조정과 향촌 공동체를 이끌었습니다. 외세 침략에 강력히 저항하여 평화적 국제질서를 지지하기도 했지요.

선비와 양반은 차이가 있나요? 보통 두 개념을 구분 없이 사용하는 것 같아 헷갈립니다.

양반은 문무백관文武百官이란 말도 있듯이 문반文班과 무반武班으로 구성된 조선시대 관료계층을 가리키는 말입니다. 즉, 신분계층 용어입니다. 반면 선비는 앞에서 말했듯이 유교가 추구하는 이상적 인격을 갖춘 이를 말합니다. 따라서 선비는 곧 양반계층에 속하지만 양반이 모두 선비인 것은 아니죠.

선비정신은 어떻게 정의할 수 있을까요? 또 우리 역사에 어떤 영향을 미쳤는지 궁금합니다.

선비정신은 인격 완성을 위해 끊임없이 노력하며, 사회에 나아가 개인의 이익보다 대의를 위해 헌신하는 정신이지요. 조선 왕조가 반상·직업·남녀 차별이라는 모순에도 500년 역사를 지탱할 수 있었던 것은 선비정신의 힘입니다. 임진왜란 때 바다는 이순신 장군이 지켰지만, 육지는 의병이 선비정신으로 지켰습니다. 무기와 병력 수를 계산하면 절대 나설 수 없었지만 이해나 승패보다는 의를 중요하게 여겨 목숨을 초개같이 버렸습니다. 개인주의와 물질만능주의로 반목과 갈등, 차별이 만연한 오늘날 우리 사회에도 더불어 사는 삶을 위해 꼭 필요한 정신이지요.

우리나라의 선비정신은 미국의 청교도 정신이나, 영국의 신사도, 일본의 무사도 등과 어떤 차이가 있나요?

많은 사람이 미국을 있게 한 청교도 정신, 영국이 세계를 지배하게 한 신사도, 일본을 상징하는 무사도 등과 선비정신이 비슷하다고 알고 있습니다. 그러나 선비정신에는 우리 한국인뿐만 아니라 전 인류가 공감하고 지지할 수 있는 보편적 가치가 녹아 있습니다. 선비정신은 개인의 발전과 공동체의 안녕이 선순환을 이루는 철학이라는 점에서 차원이 다르다고 할 수 있죠.

선비 혹은 선비정신에 대해 부정적 이미지를 가진 사람이 있고, SNS 등에서는 '선비 같다'는 말이 비하 표현으로 쓰이기도 합니다. 이런 현상에 대해 어떻게 생각하시나요?

선비에 대해 부정적인 선입견과 편견을 갖게 된 데는 몇 가지 요인이 있습니다. 그 가운데 가장 큰 요인은 일본의 식민사관 때문이라고 봅니다. 일본은 식민지배를 정당화하기 위해 조선 지배층인 선비를 혹독하게 폄하했습니다. 조선의 정신을 가르치지 말고 조상을 나라 망친 사람으로 폄하하도록 어린 학생들을 세뇌했습니다.

다음 요인은 양반과 선비를 같은 뜻으로 보는 데서 범하는 오류입니다. 신분계층인 양반 가운데 걸맞은 인격을 갖추지 못했으면서도 겉으로는 선비인 양 행동하는, 즉 사이비 선비가 전통시대에도 항상 문제였습니다.

그러나 우리에게 선비의 부정적인 면만 부각시켜 그 가치를 말살하는 식민사관을 심어 놓은 일본인들이 역설적으로 수백 년 동안 퇴계 신드롬을 앓았습니다. 최근에는 미국과 유럽에서 많은 철학자가 현대문명의 심각한 부작용을 치유하기 위해 동양철학 선비정신을 탐구하고 있지요.

많은 사람이 선비정신은 옛것이라고 생각하는데, 4차 산업혁명 시대에 오히려 선비정신이 더 필요하다고 하셨습니다. 무슨 이유인가요?

4차 산업혁명 시대가 도래하자 많은 사람이 이제 시대정신이 바뀌었고 선비정신은 유효기간이 지난 것이 아니냐고 묻기도 합니다. 과거의 유산 인 선비정신을 가지고 살아가면 낙오하지 않겠냐는 것입니다.

인공지능, 사물인터넷, 빅데이터 등으로 대표되는 4차 산업혁명 시대는 그동안 인류가 맞이했던 이전 시대와 사뭇 달라 보입니다. 그러나 시대가 요구하는 인간상은 참선비와 맞닿아 있습니다. 인공지능이 결코 따라 할 수 없는 공감능력과 따뜻한 인품을 가진 인재가 그전보다 더 필요한 것 이지요. 퇴계 선생과 같은 참선비가 추구하고 실천했던 인간의 도리를 다 시 한 번 되새겨야 하는 이유입니다.

코로나 팬데믹으로 어려움을 겪는 현대인에게 조선의 대표적 선비 퇴계 라면 어떤 말씀을 하셨을까요?

퇴계 선생이라면 아마 코로나 팬데믹으로 어려움을 겪는 현대인에게 먼 저 차분하게 명상을 권할 것입니다. 방역지침에 의해 서로 만나지 못하는 지금이야말로 조용한 곳에서 명상하며 자신을 되돌아볼 수 있는 좋은 기 회가 아닐까요? 그처럼 명상하여 학교와 직장, 가정의 문제를 차근차근 되새겨 보면 퇴계가 평생을 두고 설파한 존중과 배려의 마음이 저절로 들 것입니다.

다시 찾는
선비들의 참교육

2

자녀 인품을 결정하는 어머니의 삶

최근에 사회적으로 터져 나오는 도덕적 이슈들이 새삼 우리를 우울하게 한다. 유명 정치인과 연예계 유망주, 스포츠 스타들이 성폭력과 학교폭력 가해자로 지목되어 한순간에 사라지고 있다. 그런가 하면 자신이 낳은 친자식마저 잔혹하게 방치하거나 살해하는 짐승도 하지 않는 짓을 저지르는 인간들이 우리 곁에 고개를 들고 있다. 이제 사람이라면 최소한 어떻게 살아가야 할지 국민적 합의가 이루어져야 할 때가 아닐까 싶다.

결국 핵심은 인성 바른 사람을 길러내는 문제이므로 그 출발점은 역시 가정이어야 한다. 그렇다면 가정은 어떤 역할을 해야 할까. 500여 년간 존경받아 온 퇴계의 사례가 벤치마킹 대상이 될 수 있다고 본다. 누가 퇴계를 '퇴계'로 만들었을까. 특정한 스승이 없었던 퇴계는 "나에게 가장 영향을 준 사람은 나의 어머니"라고 말한다.

퇴계는 생후 7개월 만에 아버지를 여의고 홀어머니 밑에서 자랐다. 33살에 홀로된 어머니는 집안일과 농사일로 안팎으로 눈코 뜰 새 없이 일하며 자식들을 키웠다. 그러면서 "과부의 자식이라고 흉볼 수 있으니 남보다 백배 노력해라", "지식뿐 아니라 인성을 갖추어야 한다"고 늘 자식들을 타일렀다. 퇴계가 보여 준 겸손과 공경과 배려 그리고 배움에 대한 성실한 열정 등은 이런 어머니로부터 크게 영향을 받은 것이다.

몇 가지 사례를 살펴보자. 먼저 어머니의 인간사랑을 퇴계는 그대로 본받았다. 퇴계 어머니는 재취부인으로 시집와서 전처의 자식(2남 1녀)과 자신이 낳은 자식(4남)을 차별 없이 길렀다. 이를 본받아 퇴계도 사람을 배려하고 존중하는 삶을 살았다. 정신이 온전치 못한 두 번째 부인의 실수를 한 번도 나무라지 않고 감쌌고, 맏며느리의 병 치료를 위해 손수 약을 지어 보내곤 했다. 심지어 하녀 자식의 목숨을 지키려고 젖먹이를 둔 하녀를 증손자의 유모로 데려가려는 손자의 요청도 타이르며 말렸다.

다음으로 퇴계는 어머니의 효심을 그대로 이어받아 실천했다. 퇴계의 어머니는 시어머니를 잘 모셔 93세까지 편히 사시게 했다. 이것을 보고 자란 퇴계의 효심 또한 감동적이다. 말년에 이르러 생일상을 차리려는 자손들에게 "고생하신 어머니가 살아 계실 때 못해 드렸는데 지금 내가 받을 수 없다"고 사양했다. 근면 성실한 어머니의 삶도 물려받았다. 집안 살림을 도맡아 밤낮없이

퇴계 종택에서 학부모들이 퇴계 선생의 '수신십훈'을 읽고 있다.
'수신십훈'은 퇴계 선생이 평생 실천했던 몸가짐에 관한 가르침이다.
ⓒ 도산서원선비문화수련원

일하는 어머니를 보고 어릴 때부터 스스로 채찍질하며 끊임없이 공부했다.

 퇴계는 어머니가 타이른 말씀도 평생 간직하며 실천했다. "세상 사람들이 과부의 자식은 못 배운 사람이라 여기니 남보다 백배 노력해야 한다"는 말과 "문예(지식)뿐 아니라 몸가짐과 행실(인성)에도 유념하라"는 어머니의 당부가 대표적이다. 이 말을 늘 가슴에 품고 산 퇴계는 남이 열을 하면 자신은 천을 행하는 '인십기천'人十己千의 태도와 아는 것과 실천하는 것을 똑같이 중시하는 '지행병진'知行竝進의 자세를 평생의 좌우명으로 삼았다. 이렇게 어머니의 언행이 아들 퇴계의 높은 학문과 500여 년간 존경받는 삶의 바탕이 되었다.

오늘날 우리는 타인과의 소통과 공감능력을 갖춘 인성 바른 사람이 더욱 필요한 시대를 살고 있다. 그런 사람을 기르는 일 차적 교육의 장인 가정에서 어머니의 위상과 역할도 갈수록 커 지고 있다. 이러한 시대에 퇴계 어머니는 전업주부뿐만 아니라 자녀 양육과 바깥일을 양립해야 하는 직장맘에게 롤 모델이 될 수 있다. 퇴계 어머니를 본받길 권하는 까닭이 여기에 있다.

그렇다면 어떻게 배우는 것이 가장 효과적일까. 백문이 불여 일견이라 했듯이, 퇴계와 그 어머니가 살아간 현장을 찾는 것이 한 방법일 것이다. 경상북도 안동시 도산면 온혜마을에 가면 퇴 계 생가와 지척 거리에 퇴계 어머니의 묘소가 잘 보존되어 있다.

퇴계 선생의 어머니 춘천 박 씨의 묘소와 묘비.
퇴계 선생은 "나에게 가장 많은 영향을 끼친 분은 나의 어머니"라고
고마움과 존경의 마음을 표현했다. ⓒ도산서원선비문화수련원

이곳을 방문하면 퇴계 어머니의 태몽과 출산 이야기, 30여 년간 이어진 어머니와 아들의 아름다운 삶의 생생한 현장을 만날 수 있다. 그리고 퇴계가 지은 비석이 자리한 어머니 묘가 방문객을 맞이한다.

　혼자도 좋지만 자녀와 함께하면 더욱 좋을 것이다. 또 개별적으로 다녀가도 좋고, 선비수련원에 입소해 뜻을 같이하는 사람들과 같이 보고 듣고 느끼면서 지혜를 얻는 것도 좋으리라. 이를 통해 어머니와 자녀 그리고 그들이 열어 갈 맑고 밝은 세상을 염원해 본다.

대학자를 길러낸 퇴계집안의 지혜

우리나라의 교육열은 많은 나라에서 경이롭게 바라볼 만큼 대단히 높다. 그러나 교육열이 높은데도 학업성취도는 도리어 뒷걸음치고, 청소년들의 삶의 질은 경제협력개발기구OECD 가입국 중에서 가장 낮으며, 일자리는 점점 구하기 어려워지고 있다. 경이로운 교육열의 결과가 바람직한 인재 양성을 통해 개인의 행복과 공동체의 발전을 도모한다는 교육의 목적과 정반대로 가고 있는 것이다. 큰일이 아닐 수 없다.

예전에는 어땠을까? 학문을 숭상하는 유교문화의 영향으로 그때도 교육열이 높았지만 교육 방법과 내용은 아주 달랐다. 생계에 매달린 부모를 대신하여 조부모의 밥상머리교육과 사랑방교육이 일반적이었다. 교육 내용도 자신의 몸가치를 높이는 지식교육보다 여러 사람과 더불어 살아가는 데 필요한 인성교육이 먼저 이루어지며 중시되었다.

높은 학식과 따뜻한 인품으로 오랫동안 존경받는 퇴계 선생의 어릴 적 교육이 대표적이다. 집안의 여러 어른들이 선한 영향을 끼쳤다. 홀로된 어머니의 헌신적인 뒷바라지뿐 아니라 생후 일곱 달 된 막내아들 퇴계를 두고 40세에 숨을 거둔 아버지는 아들의 평생 진로를 정해 준 듯하다. 평소 독서와 글 가르치기를 무척 좋아한 아버지는 세상을 떠나면서 "내 여섯 아들 중에서 공부하고 제자 가르치는 자식이 나오면 여한이 없겠다"라는 말을 남겼다. 홀로된 어머니로부터 엄한 가르침과 헌신적 보살핌을 받았을 뿐만 아니라 아버지가 남긴 유지遺旨를 자주 들었던 퇴계는 커서 부모님의 바람대로 학문에 몰두하여 일가를 이루고 수백 명의 제자를 길러냈다.

　　조부모의 영향도 컸다. 93세까지 장수한 할머니는 손자인 퇴계와 20년간 한집에서 살면서 바깥어른이 없는 집안의 큰 어른으로서 손자들에게 무릎교육을 했다. 무슨 이야기를 주로 했을까? 돌아가신 할아버지 이야기였을 것이다.

　　퇴계의 할아버지는 30세에 이웃 고을 봉화 훈도(현 초등학교 교사)로 있었다. 이때 수양대군이 어린 조카 단종을 몰아내는 정변을 일으켰는데, 이를 의롭지 않다 여겨 젊은 나이에 관직에서 물러났다. 그리고 집에서 서너 시간 걸리는 국망봉 정상에 단을 쌓고 단종을 그리며 영월을 향해 향을 피우고 절하곤 했다. 이러한 대의와 충절을 지향하는 올곧은 선비정신은 얼굴도 못 본 손자 퇴계가 살아가는 데 큰 자양분이 되었으리라고 충분히 짐작할 수 있다.

외할머니의 영향도 한몫했다. 외할머니는 집안의 많은 책을 아들들이 읽지 않자 책은 공적 물건(公物)이니 책 읽기를 좋아하는 학자에게 돌아가야 한다며 사위인 퇴계의 아버지에게 물려주었다. 퇴계가 어린 시절부터 책 읽기를 좋아하고 스승 없이 대학자가 될 수 있었던 바탕이 어디에 있는지 알 수 있게 하는 대목이다.

바쁜 공무 중 짬을 내어 고향에 들른 숙부(송재 이우 松齋 李堣)도 어린 조카에게 학문에 철저히 임하는 자세를 심어 주었다. 12살 때 《논어》를 한 글자도 틀리지 않고 외웠는데도 숙부는 칭찬 한마디 하지 않았다. 이를 두고 훗날 퇴계는 "내가 학문을 게을리하지 않은 것은 모두 숙부께서 가르치고 독려하신 덕분"이라고 회상했다.

세월이 많이 흘렀지만 우리 역시 자녀와 손주들이 훌륭하게 되기를 원한다. 그러면 어떻게 살아가야 할까? 퇴계의 사례는, 성장기의 아이들은 무엇보다 어린 시절 가정에서 보고 들은 어른들의 삶에 큰 영향을 받는다는 사실을 일러 준다. 우리도 퇴계집안 어른들처럼 늘 올바른 처신과 수범을 보이며 살아가자. 앞서가는 이가 모범을 보이면 뒤따르는 사람은 따르게 마련이다. 그러면 훌륭한 자손들이 나오고, 우리 사회도 바른 사람이 넘치는 도덕사회로 나아가고 자신도 추앙받게 되리라. "지도자가 바르면 누가 감히 바르지 않을 수 있겠는가!"라고 한 공자의 말씀이 귓전에 들리는 듯하다.

노송정 종택 전경(위).
경북 안동의 노송정 종택은 퇴계 선생이 나고 자란 생가이다. 선생의 조부인
증이조판서 이계양 공은 계유정난 때 벼슬에서 물러나 1454년(단종 2년)에
노송정 종택을 짓고 이곳에 기거하면서 단종에 대한 충절을 지켰다.

퇴계 선생 태실(아래, 1501년 퇴계 선생이 태어난 방)이 있는 생가 본채,
노송정 정자(대청), 사당채 등으로 이루어졌으며, 전체적으로
조선 사대부가의 품격을 지녔다. ⓒ 도산서원선비문화수련원

효의 본질은 형식보다 마음

코로나19는 우리네 삶 구석구석에 많은 영향을 끼치고 있다. 그 중에도 가장 큰 고통은 한때 가족을 자주 만나지 못하는 것이었다. 추석과 연말 연초에 이어 설날에도 자녀를 만나지 못하는 부모들 마음은 어떠하였겠는가? 이를 두고 자식들은 행여나 '편하게 잘되었다'는 생각을 결코 해서는 안 된다. 오히려 부모 형제의 가족애가 더 끈끈해지는 길을 찾아 실천해야 한다. 왜 그래야 할까.

먼저, 그 길은 나 자신의 삶을 더 행복하게 이끈다. 우리는 과거보다 물질적 풍요와 자유를 훨씬 더 누리고 있으나 행복지수는 뒷걸음치고 있다. 무엇보다 OECD 국가 중 가장 높은 자살률이 이를 증명한다. 조지 베일런트George Vaillant 하버드대 교수는 "삶에서 가장 중요한 것은 인간관계이며, 행복은 결국 사랑"이라고 했다. 맞는 말이다. 우리는 지금 이기심과 물질적 잣대로 가족 간에 서로 다투며 괴로워하지 않는가. 행복의 첫걸음은 가장 가까운 부모 형제 사이에 효도와 우애, 공경과 사랑을 회복하는 것이다.

둘째, 그 길은 인간다운 도리와 자녀의 바른 인성을 보장한다. 우리 조상들은 몸을 돌보는 물질적 효養口體보다 뜻을 받드는 정신적 효養志를 인간의 도리라고 여기며 더 중시했다. 그럼에도 오늘날 우리 사회는 효를 단순히 부모의 몸을 봉양하는 것으로 인식하고 의식주만 챙기거나 양로원에 모시려는 현상이 심해지고 있다. 이것이 자식만의 잘못은 아니다. 자식을 그렇게 길러낸 부모 탓도 무시할 수 없다. 사람은 자라면서 매일 대하는 부모의 언행을 보고 들은 대로 행동한다. 부모의 솔선수범이 자식을 사람답게 길러낸다.

그 밖에도 효도해야 하는 까닭은 너무나 많다. 무엇보다 효도는 낳고 길러 준 분의 큰 은혜에 대한 보답이다. 힘없고 쇠약해진 부모를 보살피는 것은 윤리적인 면에서나 사회정의 면에서 당연한 이치이다. 효도는 또한 나 아닌 타인을 아끼고 배려하는 마음을 북돋아 자신을 존경받는 사람으로 이끈다. 이 존경은 자연스럽게 자식에게도 영향을 미쳐 노후에 자식으로부터 홀대받지 않는 삶으로 이어진다. 그야말로 득만 있고 실은 없는 순선純善의 행위가 효도이다.

살아 있는 부모에 대한 효도는 자연히 돌아가신 조상에 대한 공경으로 옮겨진다. 조상들은 제사와 차례의 형식보다 그 의미에 더 방점을 두었다. 돌아가신 분과의 그리운 만남이 그것이다. 살아 계실 때 보살펴 주신 분에게 돌아가셨다고 마음을 거두어야 할까? 도리나 인정상으로 그럴 수는 없다. 같은 조상의 피를 나눈 자손들의 형제애가 더 돈독해지고, 이러한 효도와 우애의 모습을 보고 배우는 자녀들의 인성이 바르게 되는 것도 제사와 차례가 지니는 참교육적 기능이다.

그러므로 형식 때문에 의미를 외면하는 우를 범해서는 안 된다. 형식은 시류에 맞추어 보완하고 개선하면 된다. 퇴계 선생도 형편이 여의치 않으면 비대면으로 간소하게 제사를 치렀고, 상제례 또한 옛 제도에서 크게 벗어나지 않는 범위 내에서 살아 있는 사람의 형편대로 치르라는 유언을 남겼다.

2022년 1월 퇴계 선생 450주기 제사 때는 최소 인원만 종가에 모여 제사를 지냈다. 현장에 오지 못한 수십 명은 온라인 화상 프로그램 줌으로 참여했다. 시대에 부응하여 종갓집 제사의 비대면 시대를 연 것이다.

지혜를 모으면 시대에 부합하는 좋은 방법은 얼마든지 찾을 수 있다. 명절에 만나지 못했다면 코로나가 물러난 후 두 번 세 번 더 찾아뵈면 된다. 중요한 것은 각자의 마음과 의지이다. 급변하는 시대를 살아가면서 진정한 가족애와 효도의 의미를 다시 생각하고 실천하는 시간을 갖길 바란다.

한평생 어머니 가르침대로

우리는 예전보다 잘살고 자유롭고 수명도 늘어나 선진 국민이라 자부한다. 하지만 근대화 과정에서 들어온 개인주의는 이기심으로 빗나가고 자본주의는 물질만능주의로 잘못 흐르고 있다. 그 결과 인간관계는 뒤틀어지고, 가장 가까운 부모 형제 사이도 그전과 너무 달라졌다. 행복하게 살아가려면 이렇게 얼룩진 세상을 바꾸어야 한다.

이를 근본으로 삼으려면 사회의 기초단위인 가정에서부터 변화가 일어나야 한다. 특히 젊은 세대가 앞장서야 한다. 미래는 이들의 세상이기 때문이다. 이를 위해 무엇보다 효孝 문화가 부활해야 한다. 효는 예전에 만행의 근본이요, 인간다움의 첫걸음이라 했는데, 이제는 행복의 마스터키라는 생각이 든다.

효는 어떻게 실천해야 할까? 공자는 부모와 애완견의 보살핌은 엄연히 달라야 한다고 말했다. 애완견은 의식주로 몸〔體〕을 챙겨 주면 되지만 부모는 다르다. 이성과 감성을 갖춘 인간이고, 또 연륜과 내 삶과 연결된 추억을 간직한 분이기에 무엇보다 뜻[志]을 받들어야 한다. 부모의 뜻을 받들면 어느새 자식에게도 저절로 효도를 받게 된다.

이 불변의 이치를 우리나라를 대표하는 사상가인 퇴계 선생의 삶에서 배워 보자. 퇴계는 평생 홀어머니의 마음을 헤아리고 말씀을 지키며 살아가려 혼신을 다했다. 어릴 때 어머니로부터 남보다 백배 노력하라는 가르침을 들은 퇴계는 《중용》을 배울 때 같은 뜻인 '인십기천'人+己千이라는 구절을 보고 좌우명으로 삼아 늘 정진했다. 몸가짐과 행실을 삼가야 한다고 타이른 어머니는 훗날 "나는 이 아이를 별로 가르치지 않았지만 옷을 단정하게 입지 않고 다리를 뻗고 앉거나 기대거나 눕거나 엎드려 있는 것을 본 적이 없다"는 말씀을 남겼다.

퇴계는 벼슬생활에서도 어머니의 훈도를 잊지 않고 따르려 애썼다. 그는 인간의 올바른 인격완성을 위한 공부에 뜻을 두었다가 과거에 급제한 형님과 어머니의 권유로 뒤늦게 과거에 응시해 34세에 관직에 나아갔다. 퇴계의 성품을 누구보다 잘 알았던 어머니는 마냥 기뻐만 하지 않고 "막내는 고을원 자리에 그치거라"라고 타일렀다. 퇴계는 "내가 어리석고 막혀서 세상에서 행세하기 어려움을 깊이 걱정하셨다"면서, 이 훈계를 평생 지키려 했다.

49세 때 풍기 고을원으로 있다가 세 차례 제출한 사표가 수리

되지 않았는데도 돌아와 늘 꿈꾸던 학문과 교육에 전념했다. 이후 20년간 수십 차례 관직을 제수받았지만 사양하다 도저히 거절할 수 없을 때 잠시 나갔다가 돌아오곤 했다. 받은 벼슬이 마지막에 정승 아래 종 1품까지 이르렀다.

조선시대에는 2품 이상 고위 관리의 3대 조상(부모, 조부모, 증조부모)에게 벼슬을 추증追贈하는 제도가 있었다. 마침 퇴계가 마지막 조정에 머물던 1568년 말 어느 날, 해당되는 고관들이 추증해 달라고 신청했는데 퇴계는 하지 않았다. 이를 두고 아들과 조카가 까닭을 물었더니 퇴계의 답변은 이랬다.

"나의 헛된 이름이 너무 지나쳐 종 1품에 이르고 말았는데, 어찌 감히 추은推恩을 바랄 수 있겠는가? 하물며 어머니께서 고을원만 하라고 간곡히 일러 주셨는데도 그 가르침을 따르지 아니하고 이 지경에 이르렀다. 추은은 어머니의 뜻이 아닌데 감히 이를 더 어길 수 있겠는가!"

그 뒤 사람들의 비평이 너무 많아 어쩔 수 없이 늦게 증직을 받긴 했지만, 그 마음새김을 충분히 엿볼 수 있다.

퇴계는 어머니에 대한 그리움과 고마움을 안동 도산에 있는 생가 뒷산 묘소 앞 비석에 손수 써서 남겼다. 그 비문은 사람의 일생에서 가장 큰 은혜를 베풀고 이끌어 주신 분의 뜻을 어떻게 받들고 보은해야 하는지 알려 주려는 듯 오늘도 우리를 반가이 맞고 있다.

퇴계의 손자 교육

50~60년 전까지 손주 돌봄은 함께 사는 조부모 몫이었다. 생업과 가사에 매달린 부모를 대신해 육아와 훈육은 자애와 엄격함을 두 날개로 조부모가 맡는 것이 관행이었다. 그러다 언제부턴가 조부모와 손주는 떨어져 살게 되었고, 교육은 자연스레 집에 있는 어머니의 몫이 되었다. 이렇게 격대교육隔代教育이 실종되다 보니 아이의 인성 문제가 불거지고 조부모의 역할은 희미해졌다.

우리는 전통적으로 집안 자제 교육에서 할아버지, 아버지 등 바깥 분들의 관심과 역할이 컸다. 위대한 인물일수록 자녀의 세세한 부분까지 바로잡으려 애썼다. 그 가운데 퇴계 이황 선생의 자제 교육은 더 각별했다. 학자와 스승, 관료로서 촌음을 아끼며 살았지만 아무리 바빠도 집안 자제 교육에는 혼신을 다했다. 그 교육의 궁극적 목표는 사람이 되는 공부였다.

퇴계 선생이 자신의 뒤를 이을 맏손자 몽재 이안도蒙齋 李安道
(1541~1584년)에게 준 가르침은 아주 주도면밀하였다. 손자
가 5살 때 《천자문》千字文을 손수 써서 가르쳤고, 다음으로 《효
경》孝經을 읽게 하여 효도를 비롯해 지켜야 할 도리를 일깨웠다.
손자가 14세가 되자 《논어》論語 등 경전을 익혀 세상 이치를 깨
우치도록 했다. 20대에 이른 손자를 위해 옛 성현의 훌륭한 글
39편을 뽑아 손수 써서 책을 만들고 《잠명제훈》箴銘諸訓이란 제
목을 붙인 일화도 유명하다. 책의 내용이 좋아 훗날 많은 학자가
공부할 수 있도록 목판으로도 제작되었다. 필자도 몇 해 전 도산
서원 참공부 모임 동지들과 함께 읽고 현대인을 위해 번역서를
펴냈다.

손자와 떨어져 살 때는 편지로 교육했다. 손자가 15세 되던 시
점부터 편지를 보내 잘못이 있으면 타이르고 훈계하여 스스로 깨
우치도록 했다. 퇴계가 쓴 편지 3,000여 통 가운데 맏손자에게
16년간 보낸 편지가 150여 통이라니 놀랍다. 더구나 편지마다
지혜와 통찰이 가득 담겨 있어 오늘을 사는 우리에게도 큰 가르
침을 준다.

편지에서 퇴계는 좋은 벗들과 공부할 것을 자주 권했다. 앞서
가는 친구들의 학업 과정에 대해 세밀하게 알리며 학습동기를
고취시키곤 했다. 손자는 벗들과 함께 공부하는 모임을 평생 소
중히 여겼다. 이렇게 맺어진 인간적 네트워크는 요즘 세상에도

진정한 친구 사귐을 보장하지 않는가?

퇴계는 손자에게 예절도 매우 강조했다. 70세 할아버지는 30세 된 손자에게 어른들 앞에서 행동할 때는 나서지 말고 찬찬히 듣고 나은 것을 따르라고 조언했다. 남에게 보내는 편지의 글씨를 날려서 쓴 것을 꾸짖고, 어른에게 보내는 문장 표현도 예를 들어 가며 바로잡아 주었다. 그 세세한 가르침은 지금도 그대로 따르면 될 정도이다. 평생 자신에게 엄격하고 타인에게 관대하게 대하는 것〔持己秋霜 待人春風〕을 좌우명으로 삼은 퇴계지만 분신 같은 손자에게는 이처럼 매우 엄했다. 사랑하는 손주 교육은 어떻게 하는 것인지, 진정한 교훈이 아닐 수 없다.

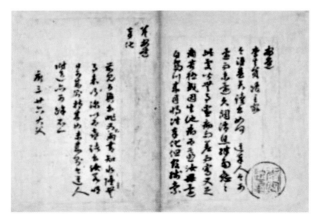

퇴계가 작고하기 몇 달 전에 맏손자 이안도에게 보낸 편지.
"자식을 살리려고 여종의 아이를 죽게 하지 말라"는 내용이다.
손자 이안도의 소장인이 보인다.

이렇게 가르침을 받은 맏손자는 할아버지의 삶과 정신을 가장 잘 아는 사람으로 성장했다. 퇴계 또한 손자의 역량을 믿고 대표 저술인 《성학십도》聖學十圖를 보완 정리하는 역할을 맡겼다. 제자들도 선생 사후 상장례와 각종 추모사업을 하면서 "스승의 뜻을 제일 잘 알고 있다"면서 그와 협의했다. 안타깝게도 손자가 아버지 3년상을 치르다가 44세 한창때 세상을 떠난 것이 아쉬울 뿐이다.

　　할아버지 퇴계의 손자 훈도와 손자의 우러나는 공경의 향기는 사라지지 않고 민족시인 이육사를 비롯한 많은 후손과 후학들의 사람다운 삶으로 되살아났다. 이제는 도산서원과 선비문화수련원을 다녀가는 시니어들 가운데서도 퇴계 선생처럼 실천을 다짐하는 분들이 많아져 흐뭇하다. 앞으로 더 많은 시니어가 행동에 옮겨 지금보다 더욱 존경받는 조부모가 되길 바란다.

친손주 사랑, 외손주 사랑

손주를 돌보느라 눈코 뜰 새 없이 바쁘게 지낸다는 노인들을 주위에서 자주 본다. 코로나19 이후 이런 추세가 더 두드러지고 있다. 개학이 늦어지거나 개학했더라도 정상적 수업이 어려워 아이들이 집에서 머무는 시간이 길어지다 보니 뒤치다꺼리가 이만저만이 아니다. 그렇게 늘어난 일의 상당 부분이 친조부모보다 외조부모의 손길을 더 많이 기다리는 것이 근래의 우리 사회 풍경이다. 우리 집도 거의 가까운 것 같다.

이런 모습은 우리 세대의 어린 시절에는 상상조차 할 수 없었다. 어머니의 친정 나들이가 거의 드물어서, 큰 행사라도 있어야 따라가서 외조부모를 뵙는 것이 고작이었다. 오죽하면 "외손자를 귀애하느니 방아깨비를 귀애하라"는 속담까지 생겼을까. 이에 비해 그 시절 친조부모와는 한집에 살거나 가까이 이웃해 살았다. 당시 은퇴한 조부모의 가장 중요한 역할은 일터로 나간

아들, 며느리들을 대신해 한 세대를 건너뛴 손자·손녀를 격대교육 하는 것이었다. 자연스럽게 너그러운 인성교육이 이루어지면서 할아버지와 손자, 할머니와 손녀 간에 돈독한 조손祖孫관계가 형성되었다. 어린 시절 할아버지, 할머니의 사랑을 떠올리면 지금도 울컥하는 마음이 드는 것은 필자만이 아니리라.

그런데 직계가족 중심의 친족문화는 그리 오래되지 않았다. 성리학적 사회질서가 강조되던 17세기 중반부터 형성되었다는 것이 학계의 정설이다. 그전까지는 남녀 간, 아들과 딸 사이에 별 차등이 없었다. 족보에 아들딸이 출생 순으로 기재되었고, 재산도 아들과 딸이 똑같이 나누는 남녀균분상속이 이루어졌다. 제사 역시 아들딸 구분 없이 돌아가며 모시는 윤회봉사輪回奉祀가 행해졌다. 딸이 죽으면 외손자가 다 물려받아 외손봉사外孫奉祀하는 것이 관행이었다. 16세기 이전에는 재산을 물려받고서 외가와 처가 동네에 자리 잡은 집안이 매우 흔했다.

그러다가 주자가례朱子家禮가 뿌리내리고 한정된 토지를 대대로 모든 자녀에게 나누어 줄 수 없게 되자 점차 장자 중심의 상속문화로 바뀌었다. 동족 부락이 형성되고 가문의식이 싹튼 배경이다. 이 과정에서 무엇보다 뒤를 이을 세대의 교육이 중요해지자 그 역할을 주로 조부모가 수행했던 것이다.

모든 것은 사람이 하는 것이다. 사람이 하는 일은 시대 흐름에 맞추어야 한다. 우리 시대는 농업사회와 산업사회, 정보화사회를 차례로 넘어 이제 4차 산업혁명 시대로 진입했다. 이에 따라 농촌인구가 도시에 집중하면서 대가족제도가 핵가족제도로 바뀐 지 오래다. 그 결과 친조부모와 한집에서 사는 친손자를 거의 찾아보기 어렵다.

맞벌이로 수입을 더 늘려야 하고 여성의 사회진출도 당연히 권장해야 하는 시대다. 이런 때에 그전처럼 친손주와 외손주를 구분하는 것은 별 의미가 없다. 자식이 귀여우면 그가 낳은 손주도 귀엽기 마련이다. 내가 도와주는 만큼 자식이 고생을 덜하지 않겠는가. 이것이 천륜天倫이다. 하늘이 맺어 놓은 부모 자녀 형제 간 변할 수 없는 관계이다.

그렇다면 부모에게 어린 손주를 맡기는 자녀의 입장은 어떠해야 할까. 황혼을 바라보는 부모가 힘에 부침에도 왜 기꺼이 손주를 돌보겠는가. 그 마음을 헤아린다면 돈과 물질로 보답해 드리면 된다는 생각은 잘못임이 자명해진다. 경제적 어려움을 겪는 부모일수록 돈을 내세우면 자존심에 더 상처받는다. 자존심은 나이가 들수록 존중받고 싶고 어려운 처지일수록 간직하고 싶을 것이다.

부모는 나를 낳고 키워 주신 아름다운 기억을 가진 분들이다. 노부모의 그 마음을 헤아리고 즐겁게 해 드리는 것이 최고의 효도이다. 부모에게 바치는 마음 씀은 새끼 사랑만 하는 뭇 동물과 다른 인간만의 고귀한 관계로 다시 이어질 것이다.

형제애에서 출발하는 인간관계

코로나19 이후 답답해진 사람들은 허용된 범위 내에서 주로 핵가족 단위로 나들이를 나섰고, 그 여파로 국내 유명 관광지는 코로나 이전보다 더 북적거렸다. 올여름에는 해외관광을 나서는 사람들로 여기저기 긴 줄이 이어졌다.

이렇듯 사람은 더불어 살아갈 수밖에 없는 존재이다. 헤아릴 수 없이 많은 날줄(종적)과 씨줄(횡적)로 짜인 인간관계를 일평생 쉴 새 없이 맺으며 살아간다. 조부모, 부모, 나, 자녀, 손주 등 직계존비속으로 이어지는 종적 인간관계는 평생 몇 명밖에 마주할 수 없다. 그마저 핵가족 문화가 일상이어서 부모의 자녀 사랑은 넘쳐나지만 정작 자녀가 더불어 살아가는 지혜를 배우는 데는 한계가 있다. 게다가 사람은 부모 밑에서만 살지 않는다. 언젠가는 성인이 되고 나중에는 노년의 삶을 살아가야 한다. 그때까지 부모가 애지중지 받쳐 줄 수 있을까? 그래서 더불어 살아가는 지혜를 종적 인간관계 이외에서 길러야 한다.

횡적 인간관계는 살아갈수록 무한대로 넓어진다. 이 횡적 인간관계가 좋아야 수많은 사람들로부터 사랑과 존경을 받아 행복한 삶을 살게 된다. 이렇게 중요한 횡적 관계의 출발점이 바로 형제간이다. 형제간에 우애가 좋으면 자연스럽게 사촌과 육촌, 나아가 일가친척 사이도 좋아진다. 이렇게 확장되다 보면 피가 섞이지 않은 친구와 지인, 상사와 부하 그리고 고객에게까지 차츰 진심으로 대하게 될 것이다. 마침내는 처음 보는 사람들에게도 호의를 베풀게 될 터이니, 세월이 흐를수록 도와주는 사람이 자연스레 늘어날 것임은 불 보듯 훤하다.

아이는 본시 어른의 행동을 보고 따라 하기 마련이다. 형제간 우애도 예외가 아니다. 따라서 자녀에게 형제간 우애를 배우게 하려면 부모가 먼저 솔선해야 한다. 무엇부터 솔선해야 할까? 먼저, 돈과 재산 다툼이 없어야 한다. 돈과 재산은 살아가는 데 필요하지만, 권력과 함께 영원히 지닐 수 없는 몸 밖의 재화일 뿐이다. 빈손으로 왔다 빈손으로 간다고 하지 않는가? 이 때문에 하늘이 정해 준, 영원히 뗄 수 없는 몸 안의 천륜인 효도와 우애를 저버리면 안 된다. 더구나 내 자녀가 그대로 따라 배우는 데 있어서랴!

형제간 우애를 틀어지게 하는 더 빈번한 행위는 말다툼이다. 말다툼은 왜 생겨날까? 말로 상처를 주기 때문이다. 남에게는 말조심을 하다가도 집안에서는 충고한답시고 동생에게 듣기 싫은 말을 하면 사이가 어떻게 되겠는가? 특히 장성한 처자식이 있는 동생에게는 더 조심해야 한다. 가까운 사람에게 빈번하게 입은 마음의 상처는 잘 아물지도 않는다.

퇴계 선생은 한 제자가 "형제간에 잘못이 있으면 서로 말하여 줄 수 있는 것입니까?"라고 질문하니 이렇게 답했다. "우선 나의 성의를 다하여 상대를 감동하게 한 다음이라야 비로소 서로 간의 의리를 해치는 일이 없을 것이다. 만일 서로 간에 성의로 부합함이 없이 대뜸 정면으로 말로 나무란다면 서로 사이가 벌어지지 않는 경우가 드물 것이다. 그래서 '형제간에 기쁘고 즐거운 모습을 보인다' 했으니, 진실로 이 때문이다."

실제로 퇴계 선생은 형제간 우애를 몸소 실천하였다. 노년에 3살 위의 형님이 집에 찾아오면 학문과 명성의 현격한 차이에도 엄부嚴父 모시듯 문밖에 나가 맞아들였다. 허리 굽히며 공경하고 즐거워하는 모습이 표정에 흘러넘쳐 바라보는 사람이 본받고자 하는 마음이 절로 일 정도였다.

형제애가 넘치면 자신이 노년까지 행복하게 살게 되고, 자녀 또한 그대로 배워 우애 있게 살아갈 것이다. 늘그막에 이 이상의 즐거움이 어디 있겠는가? 코로나 팬데믹이 잦아들며 대면접촉이 확대되고 있다. 그동안 못한 몫까지 형제간 우애를 몇 배로 나누어 보자. 화평한 세상은 결국 가정의 화평에서 출발한다는 점을 늘 잊지 말아야 한다.

선비는 하루아침에 길러낼 수 없다

선비정신이 주목받는 계절이 다시 온 듯하다. 대선 유력 후보 반열에 오른 정치인들이 개인적 인연과 정치적 신념을 내세우며, 의리와 범절의 선비정신으로 나라에 큰 공헌을 한 분들의 연고지를 찾고 있다. 퇴계 선생의 도산서원과 서애 류성룡西涯 柳成龍 대감의 하회마을에 자주 방문하더니, 요즘엔 일제 암흑기에 조국 독립을 위해 치열하게 살다 간 선비 후예들의 생가와 기념관에 발길이 잦아지고 있다.

전 재산을 팔고 가족 수십 명과 함께 만주로 망명하여 목숨 걸고 싸운 석주 이상룡石州 李相龍 선생과 우당 이회영友堂 李會榮 선생, 그리고 17번이나 투옥되었던 퇴계 후손 이육사李陸史 시인과 서당에서 충효를 배워 다진 윤봉길尹奉吉 의사 등이 뉴스 전면에 소환되었다. 방문 시 발언이나 행보를 놓고 정치적 공방이 이어지기도 하지만, 위대한 분의 삶에서 알 수 있듯 고귀한 선비정신

민족시인 이육사(왼쪽)와 독립운동가 윤봉길(오른쪽)
굳건한 선비정신으로 일제에 맞서 독립운동을 이끈 대표적 인물들이다.

이 나라에서 가장 영향력 있는 인사들에 의해 다시 부상되는 것
이 무척 반갑다.

　필자는 예전보다 오늘날 선비정신이 오히려 더 필요하다고
꾸준히 생각했다. 대내적으로 보면 최근 우리나라가 처한 현실
을 타개하는 데 필요하다. 우리는 급속한 발전으로 훨씬 풍요롭
고 자유로워졌지만, 자살률과 반목, 갈등이 지구촌 최고 수준
이다. 이유가 무엇일까? 남과 공동체를 배려하던 마음이 이기
심과 돈이 최고라는 생각으로 바뀌어 너나없이 염치가 없어진
것이 가장 큰 원인이다. 더 늦기 전에 동방예의지국을 이끌던
지도자들의 선비정신을 되찾아야 한다.

대외적 관점에서 보더라도 우리의 국격, 즉 국가 브랜드 가치를 높이는 데 선비정신이 필요하다. 한류 문화가 20여 년 전부터 수출되어 전 세계 젊은이들의 환호를 받고, 국익 증진에도 상당한 기여를 하고 있다. K-드라마와 K-팝에 담긴 우리 고유의 콘텐츠에 세계가 감동하기 때문이다. 이제부터 한 단계 더 도약하여 세계 지도자들이 빠져드는 수준 높은 한류 문화가 되어야 한다. 세종대왕, 퇴계와 율곡, 충무공 등 문화선진국 조선을 이끈 지도자들의 솔선과 헌신의 삶을 담아내는 것이 그 방법이다.

이렇게 대내외적으로 꼭 필요한 선비정신이지만 당장 되살려 내기는 쉽지 않다. 지도층은 물론 국민 각자의 가치관과 삶이 전면적으로 바뀌어야 하기 때문이다. 이런 요구는 결국 사람을 바르게 하는 인성교육으로 귀착된다. 지식공부는 주입식으로 가능하지만 실천하는 인성교육은 가슴으로 느끼게 해야 한다. 김수환 추기경은 머리로 아는 것을 가슴으로 느끼는 데 수십 년이 걸렸다고 만년에 술회했다. 그만큼 쉽지 않음을 말씀하신 것이다.

가슴으로 느끼게 하는 가장 효과적인 방식은 웃어른의 감동 주는 실천을 보고 따라 하는 것이다. 어렵고 시간이 걸리는 과제이다. 어렵다고 포기해서는 안 되고 우물가에서 숭늉을 얻으려는 것처럼 서둘러서도 안 된다. 지시나 명령, 규정과 제도의 변경으로 결코 다다를 수 없는 영역이다. 그렇다면 어떻게 해야 할까?

오랫동안 존경받는 참선비가 어떻게 길러졌는지 역사에서 찾는 것이 가장 현명한 방법이다. 퇴계 선생이 대표적인 케이스다. 퇴계는 높은 학문뿐 아니라 훌륭한 인품으로 존경받는 인물로 우리가 찾는 인성교육의 등대 역할을 해줄 수 있다. 퇴계는 어떻게 길러졌는가? 특이하게도 대학자인 퇴계는 스승이 없었다. 어릴 때 천자문을 가르쳐 준 이웃 노인과 《논어》論語를 지도해 준 숙부는 있었으나, 높은 경지로 이끌어 준 스승은 없었다고 퇴계 자신도 탄식했다.

퇴계는 누구보다 집안 어른들의 영향을 크게 받았다. 태어나 7개월 만에 세상을 떠난 아버지의 몫까지 하며 키워 준 홀어머니의 불철주야 가족 뒷바라지를 보며 끊임없는 학구열과 공경과 섬김을 익혔다. 또한 할머니의 무릎 위에서 평생 단종에게 대의와 충절을 지킨 할아버지 이야기를 들었다. 선비 퇴계의 참공부는 이렇게 이어졌다.

이제 우리도 본 대로 따라 배우는 자녀와 후손들의 바람직한 삶을 이끌기 위해 먼저 앞장서 실천하는 현명한 선택을 하면 좋겠다.

위기지학, 나를 위한 평생 공부

공부하는 사람을 '학생'學生이라 부른다. 예전엔 돌아가신 분에게도 '학생부군'學生府君이라 했는데 요즘은 학교에 다닐 때만 학생이라 부른다. 졸업하면 공부는 어쩔 수 없을 때나 하는 것으로 여긴다. 하지만 삶은 끊임없는 문제의 연속이니 대응하려면 공부는 쉴 수 없다. 더구나 요즘처럼 격변하는 세상에, 오래 살아가려면 평생 공부는 필수적이다.

공자는 배움을 으뜸으로 여겨《논어》첫머리에서 "배우고 때 맞게 익히면 즐겁지 아니한가!"라고 했다. 퇴계도 54세 때 일기에 '학이종신'學以終身, 즉 "배우면서 생을 마치겠노라"고 적었고 그렇게 살았다. 그 결과는 우리가 알고 있다.

가장 중요한 것은 무슨 공부를 하느냐이다. 본시 학문이란 위기지학爲己之學과 위인지학爲人之學으로 나뉜다. 위기지학은 몸과 마음을 수양하여 인간으로서 마땅히 지녀야 할 인격을 기르는 공부이다. 옛 선비들은 이 공부부터 했다. 반면 위인지학은 출세와 성공을 위해 경쟁에 필요한 지식이나 기술 습득을 목적으로 하는 공부이다.

오늘날의 학문은 대부분 위인지학이다. 가정이나 학교에서 위기지학에 바탕을 둔 인성교육은 거의 사라졌다. 남을 이용하거나 희생시켜 자신의 부와 권세, 명예를 얻기 위한 교육이 활개 친다. 현실적으로 학교수업과 업무 관련 공부를 하지 않을 수는 없다. 하지만 사람답게 살기 위해 그동안 소홀했던 위기지학에 시간을 더 할애해야 한다.

위기지학은 넓게 연마해야 한다. 선비들은 문사철文史哲과 시서화詩書畫까지 능통했다. 퇴계는 일상생활에 필요한 의학과 천문에도 밝았다. 요즘 강조하는 창의력과 융합능력이 자연스레 갖추어졌다. 좁게 쪼개진 위인지학에 갇혀 사는 현대인이 이제 인문학적 공부와 타 분야와의 융합적 소통에 나서야 할 때다.

다음으로 깊게 공부하는 방법을 찾아야 한다. 요즘처럼 질문은 사라지고 오직 정해진 정답을 찾기 위해 듣고 읽고 쓰는 '박학' 만이 중시되는 공부는 오래 활용되기도 힘들거니와 흥미를 느끼기도 어렵다. 우리 선조들은 중용에서 제시하는 박학博學(넓게 배우다), 심문審問(깊이 묻다), 신사愼思(신중하게 생각하다), 명변明辯(명쾌하게 판단하다), 독행篤行(독실하게 실천하다)의 5단계 공부법을 차례차례 몸에 익혀 공부했다. 그래서 공부할수록 깨달음이 많았고 재미도 느꼈다.

이렇게 넓고 깊게 공부하려니 얼마나 노력을 많이 했을까? 퇴계는 6살에 천자문을 읽을 때부터 배운 것을 모두 외우고 스승에게 나아갔다고 한다. "남이 열을 하면 나는 천의 노력을 기울인다"는 '인십기천' 人十己千의 친필 좌우명은 지금도 우리 수련원 로비에서 무언의 가르침을 준다. 또 글자 한 자, 낱말 하나의 뜻도 그냥 지나치지 않고 미세하고 정밀하게 살펴야 최고의 경지에 이른다(精微極高)며 진리탐구에 매진했다.

《퇴계 선생 문집》, 보물 제 1,894호.
퇴계 선생의 학문적 성과를 집대성한 문집으로 위기지학의 정수를 배울 수 있다.
선생 사후에 제자들이 정리했는데, 풍부한 내용, 방대한 분량, 체계적 편집으로
조선 후기 문집의 전범이 되었다. ⓒ 한국국학진흥원

위기지학 공부의 실마리를 어디서 찾을까? '공부하고 수양해서 보람 있게 살겠다'고 마음을 정하는 입지立志가 먼저이다. 어떻게 사는 것이 보람 있는 삶인가? 부귀를 누린다고 가능한가? 건강장수를 바라며 마음은 떼어 놓고 몸만 단련하고 치료하면 가능한가? 이제는 부와 귀를 이룬 다음 어떻게 나눌 것이며 건강을 위해 마음가짐을 어떻게 할 것인지 위기지학의 입지를 확고하게 세워야 한다.

입지를 세운 다음 공부는 실천으로 이어져야 한다. 책 속에 담긴 성인의 가르침을 행동에 옮겨 실천한다면 지켜보는 사람이 얼마나 본받고 존경하겠는가? 자기를 내세우고 자랑하는 데 급급한 삶과는 차원이 다르다. 공부하고 실천하면 존경받게 되고, 그러면 더욱더 공부하고 실천하게 된다. 이른바 지행병진의 거룩한 경지에도 저절로 도달하게 될 것이다. 이보다 더 보람 있는 삶이 있을까?

입지를 정하고 계속 실천해 나가는 일은 결코 쉽지 않다. 공자와 퇴계는 평생 공부하고 실천했다. 우리도 끊임없이 공부하고 실천하자. 그래서 소유 중심의 후진적 삶에서 자신의 존재에 가치를 두는 선진적 삶으로 깨어나야겠다.

선비정신의 요람, 서원의 탄생

퇴계 이황 선생과 인연이 깊은 옛 사학私學 이산서원伊山書院이 훼철된 지 150년 만에 단장을 마치고 2021년 10월 13일 준공식이 열렸다. 경북 영주에 소재한 이산서원은 영주댐 수몰지역이 원래 위치였다. 이 때문에 지역 유림과 영주시가 오랜 숙의 끝에 산수가 수려한 호골산 아래 새 둥지를 마련하고 퇴계 선생과 함께 두 분 제자(소고 박승임嘯皐 朴承任, 1517~1586년; 백암 김륵柏巖 金玏, 1540~1616년)의 위패를 모시게 된 것이다.

필자는 퇴계학의 본산인 도산서원 원장이라는 인연으로 이건·복설위원장을 맡았는데, 서원 창설이야말로 퇴계 선생의 확고한 시대정신의 결과임을 이번 기회에 확인할 수 있었다. 지도자의 시대정신과 비전 제시가 목마른 요즘 그 의미를 다시 한 번 되새겨 보겠다.

이산서원은 퇴계 선생과 인연이 깊다. 선생은 생전(1559년)에

최근 이건 복원된 이산서원 전경.
이산서원은 1558년(명종 3년)에 경북 영주에 창건되었다.
1559년 퇴계 선생이 지은 이산서원 원규는 우리나라 서원 원규의 효시가 되었으며,
1572년 퇴계 선생의 위패가 최초로 모셔졌고, 1574년 '이산'伊山이라고 사액되었다.
1871년(고종 5년) 서원철폐령으로 훼철된 후 150년 만인 2021년 10월에 복원되었다.

영주 관민의 요청을 받고 서원 명칭, 건물 이름, 건립 취지문 (기문), 그리고 원규院規라고 불리는 서원 학칙 등을 직접 지었다. 이때 지은 이산서원 원규는 훗날 도산서원을 비롯한 여러 서원 원규의 표준이 되었다. 건물 명칭도 지금까지 그대로 사용하고 있다.

1569년 봄, 벼슬에서 물러나 마지막으로 귀향하던 퇴계 선생은 서원 원생 및 제자들과 강론하며 하룻밤을 지내기도 했다. 비어 있던 사당에 선생 위패가 사후 2년 뒤(1572년) 모셔졌다. 또 2년 후(1574년)에는 나라에서 사액도 받았다. 도산서원보다 몇 해 앞서 퇴계 선생의 얼을 모신 서원이 되었다.

앞서 1549년 풍기군수로 있던 퇴계는 전임 주세붕 군수가 건립한 우리나라 최초 서원인 백운동서원白雲洞書院을 국가공인 학교로 격을 높이기 위해 조정에 간청하여 이듬해 소수서원紹修書院이라는 사액을 받도록 했다. 이후 선생은 이산서원뿐만 아니라 10여 개 서원 창설에 직간접적으로 나섰다.

퇴계는 왜 그토록 사립학교인 서원 창설 운동에 적극적이었을까? 서원을 창설하고 바른 선비를 길러내는 일이야말로 그의 투철한 시대정신과 현실 대응의 산물이다. 퇴계가 살던 16세기 초중엽은 도의에 뜻을 둔 선비(신진 사림士林)가 공신과 외척 등 훈구파로부터 무자비한 공격을 받고 떼죽음을 당하거나 귀양으로 내쳐지던 사화의 시대이다. 이런 끔직한 환경 속에서 학문하는 선비가 화를 당하는 일이 없도록 하려면 어떻게 해야 할까?

퇴계는 자신이 살아가던 시대를 말세 末世로 규정했다. 그리고 말세적 현상으로 무엇보다 민심의 타락을 개탄했다. 민심의 개선 없이는 어떤 법과 제도를 만들더라도, 또 어떤 사람이 정국을 담당하더라도 실패할 수밖에 없다는 것이 선생의 생각이었다. 기묘사화己卯士禍의 비운을 맞은 정암 조광조靜菴 趙光祖(1482~1519년) 선생의 사례도 큰 영향을 미쳤다.

따라서 선생은 말세를 극복하고 새로운 시대를 여는 것을 필생 '자신이 해야 할 일'〔吾事〕로 삼았다. 이런 문제의식에서 착수한 것이 솔선수범하는 젊은 선비를 길러내는 올바른 교육을 새롭게 뿌리내리는 일이었다. 성균관 등 관학은 학문하는 분위기가 저하되어 과거시험에 치중하는 출세주의로 흘러가는 현실을 젊은 시절 학생으로서 또 성균관에 여러 차례 복무하면서 뼈저리게 체험한 결론이었다.

벼슬에 나오라고 빗발치는 부름과 달리 임금의 형식적 예우와 기성세력의 견제로 조정에서는 정치를 함께하기 어렵다고 판단한 퇴계는 관직에서 물러나 향리로 돌아왔다. 은둔 보신하려는 것이 아니었다. 조선 성리학을 완성하고, 이를 추진할 신진 사림의 새로운 교육 환경 조성을 위해 산수가 수려하고 조용한 곳에 서원을 건립하려는 것이었다. 이산서원 창건도 바로 이때의 일이다.

이후 전국 각지에 서원이 창건되어 수많은 사람이 배출되면서 퇴계 사후에 바로 사림정치 시대가 열렸다. 500여 년 세월이 흘러 2019년 7월 유네스코UNESCO도 이 무렵 전국 각지에 창건된 9개 한국 서원을 "탁월한 보편적 가치"outstanding universal value가 있다고 세계유산으로 선정했다. '보편적 가치'란 시대를 막론하고 솔선수범 실천하는 지식인을 길러내는 것을 목적으로 하는 민간 주도 교육기관의 역할에 대한 평가이다. '탁월함'이란 이 가치가 다른 나라보다 우리나라에서 두드러지게 구현된 것에 대한 인정이다.

문화사적 가치가 이처럼 지대한 서원이 조선 후기에 이르러 양적으로 많아지고 질적으로 여러 부작용이 나타나 많은 수가 훼철되기에 이른 것은 안타깝다. 이산서원도 이때 1선현 1서원 원칙에 따라 문을 닫았다. 퇴계 선생을 모신 서원으로 도산서원이 있었기 때문이다.

이번 복원을 계기로 이산서원이 퇴계 선생의 본의本意대로, 양식 있는 민간이 주체가 되어 인성교육과 정신문화가 되살아나는 구심점 역할을 잘 수행하기를 소망한다. 그리하여 이 땅에 반듯한 도덕선진국가가 우뚝 세워지는 데 기여하기를 기원한다.

사유와 깨달음의 산을 오르며

코로나19 이후 즐겨하던 등산을 거의 못하고 있다. 대신에 도산서원 뒷산 산책과 실내자전거 타기 등으로 아쉬움을 달랜다. 최근에는 조상들이 산을 유람하며 쓴 글인 유산기遊山記에 눈이 가면서 새로운 깨달음을 얻는 중이다. 우리 조상들은 틈만 나면 산수 좋은 명산을 찾았다. 산을 건강을 위한 옥외 헬스장이나 친목 장소 또는 마음 치유장 정도로 여기는 요즘 세태와 달리 우리 조상들에게 산은 공부하는 곳이었다. 유산기에는 그러한 마음들이 담겨 있다.

칼과 방울을 찬 큰 선비로 유명한 남명 조식南冥 曺植(1501~1572년) 선생이 58세 때 가까운 지리산을 다녀와 남긴 《유두류록》遊頭流錄을 얼마 전에 읽었다. 남명은 누구나 찾는 산을 거닐면서도 깊은 사유를 하며 이르는 곳마다 깨달음을 남겼다.

그중 교훈적인 몇 대목을 직접 들어 보자.

산을 오를 적에는 한 걸음 한 걸음 디디기가 어렵더니 내려올 때는 발만 들어도 저절로 내려왔다. 이것이 선善을 좇는 것은 산을 오르는 것과 같고 악惡을 좇는 것은 내려오는 것과 어찌 같은 일이 아니겠는가?

착함도 악함도 습관으로 말미암는 것임을 알게 한다. 또 끊임없이 발전하는 사람이 되느냐, 퇴보하는 사람이 되느냐도 발 하나 까딱하는 사이에 달려 있음을 알게 하는 것이다.

누군들 명산에 들어오면 마음을 씻지 않겠으며 자신을 소인이라 하기를 달가워하겠는가마는 끝내 군자는 군자이고 소인은 소인이니, 열흘 춥고 하루 햇볕 쬐는 정도로는 아무런 유익함이 없는 것을 알 수 있다.

남명은 자연을 훼손하며 바위에 큼지막하게 이름을 남기려는 사람들도 꾸짖는다. 지금 우리도 귀담아들어야 할 가르침이다.

썩지 않은 돌에 새겨서 영원히 전하려는 것이리라. 그런데 대장부의 이름은 밝은 역사책에 기록해 두고 넓은 땅 위에 사는 사람들의 입에 새겨져야 하는 것이다. 그런데 숲속 잡초 더미 사이 짐승과 산새가 사는 곳에 새겨서 영원히 썩지 않기를 구하다니 … 훗날 세상 사람들이 그런 사람을 알 수 있겠는가?

이런 교훈적 기술은 연산군에게 목숨을 빼앗겼다가 뒷날 문묘

에 배향된 일두 정여창─蠹 鄭汝昌(1450~1504년) 선생을 비롯한 역사인물 세 분의 유적지를 지날 때도 되풀이된다.

> 세 분은 산 정상 위에 다시 옥玉 하나를 더 얹어 놓은 격이다. 결코 바위에다 이름을 새겨 두지 않았으나 길이 세상에 전해질 것이다. 만고의 역사를 바위로 삼는 것이 차라리 낫지 않겠는가?

남명과 동갑내기였으나 평생 만나지는 못했던 퇴계는 위의 글을 읽고 〈조남명의 유두류록 뒤에 쓰다〉라는 서평을 쓰면서, "이 글을 읽으면 그의 사람됨을 상상해 볼 수 있다. 모두 지극한 논설이고 참으로 천고 영웅의 탄식을 자아낼 만하다"라고 격찬했다.

퇴계는 앞서 49세 풍기군수 시절 소백산을 오르며 〈소백산에 유람한 기록〉遊小白山錄을 남겼다. 여기서도 귀 기울일 가르침이 눈에 띈다. 소백산 능선 위 작고 모진 나무들을 바라보며 만물의 거처와 양육에 관해 일깨워 주는 내용이 대표적이다.

> 소백산 위에는 기온이 매우 차갑고 매서운 바람이 그치지 않아 나무들이 동쪽으로 숙여 있고 가지와 줄기가 많이 굽고 왜소하다. … 괴로움을 건디어 모두 힘써 싸우는 모양을 하고 있으니, 깊은 숲속 큰 골짝에서 자라는 나무와 크게 달랐다. 거처에 따라 기풍이 바뀌고 양육에 따라 모양이 변함은 식물과 사람이 어찌 다르겠는가?

소백산 주목 군락, 천연기념물 제244호.
소백산 비로봉 정상부 서쪽 능선을 따라 살아 천년, 죽어서 천년이라는
주목 군락이 형성되어 있다. 바람이 강한 고지대이므로 줄기가 비틀리고
곁가지가 휘어진 이 주목들이 퇴계 선생이 유산할 때도 있었으리라.

퇴계는 산을 유람하는 사람은 기록이 없을 수 없으며, 기록이 있으면 산을 유람함에 진실로 유익함이 있다고 했다. 자신도 유산록을 쓰고 남의 글에 대한 추천사와 후기도 여럿 남긴 것도 이 때문이다.

조선을 대표하는 유학자인 남명과 퇴계의 일생은 사람답게 살아가는 길을 찾는 것이었다. 그래서 경건함[敬]과 올바름[義]을 향한 공부를 했는데, 그 방법은 크게 두 가지다. 하나는 성현의 가르침이 담긴 글 읽기이고, 다른 하나는 이것을 스스로 체득·실천하기 위한 산수유람이다.

퇴계는 만년에 이르러 '글 읽기와 산수유람은 같다'는 뜻의 〈독서여유산〉讀書如遊山이라는 시도 남겼다.

글 읽기를 사람들은 산수유람과 비슷하다는데	讀書人說遊山似
지금 보니 산수유람이 글 읽기와 비슷하다네	今見遊山似讀書
공력 다할 때는 원래 아래서부터 시작하고	工力盡時元自下
얕고 깊음 얻는 곳 언제나 그곳에서 말미암네	淺深得處摠由渠
앉아서 구름 이는 것 보자니 묘함 알겠고	坐看雲起因知妙
걸어서 물의 근원에 이르니 비로소 시작함 깨닫네	行到源頭始覺初
산꼭대기 높이 찾음 그대들 힘쓰게나	絶頂高尋勉公等
노쇠하여 중도에 그만둠 내 심히 부끄럽네	老衰中輟愧深余

우리나라처럼 산이 오밀조밀 많은 나라가 없고 등산을 취미로 삼는 사람이 많은 나라도 드물다. 이제부터 우리도 산을 오르는 목적을 건강과 친목, 힐링에만 두지 말고 퇴계와 남명처럼 품격 있는 철학적 사고로까지 확장하면 좋겠다. 그리하여 어진 사람이 더 많아져 신동방예의지국으로 세계인이 칭송하면 얼마나 좋겠는가.

선비정신에서 배우는 인성교육의 지혜

우리나라는 뜨거운 교육열과 높은 학력수준을 갖춘 나라로 유명하다. 고급두뇌를 활용하여 괄목할 만한 성취도 이루었다. 그러나 지식교육에 치우쳐 사람다운 사람을 길러내는 교육에 소홀했고, 그 결과 사회·가정·학교에서 여러 부작용이 발생하고 있다. 이제 인성교육을 위해 온 국민이 힘을 모을 때다.

여기서는 세계적으로 탁월한 보편적 가치를 인정받은 우리의 정신적 유산인 선비정신에서 인성교육의 지혜를 배워 본다.

오늘날 인성교육의 중요성이 점점 커지고 있는데요, 그 이유는 무엇이라고 보시나요?

지금 우리 사회에는 지식을 많이 가르쳐 똑똑한 아이와 어른들은 굉장히 많습니다. 경제도 발전하여 옛날보다 훨씬 잘살게 되었지요. 그런데 우리 사회의 반목과 갈등은 심해지고 불행한 사람이 많아지고 있습니다. 이러한 현상의 가장 근본적인 원인은 바로, 이기주의와 물질만능주의가 팽배하면서 예전보다 인성이 갖춰지지 않은 사람이 많아지기 때문이라고 생각합니다. 따라서 이들을 올바른 길로 이끌어 줄 인성교육이 어느 때보다 절실하게 필요해진 것이지요.

선비정신이 바른 인성을 갖추는 데 큰 도움이 된다고 하셨는데요, 우리 역사를 살펴보았을 때 어떤 분들이 있나요?

우리나라에는 퇴계 선생을 비롯하여 훌륭한 선비정신으로 공동체를 위해 살아간 분들이 많습니다. 그분들이 임진왜란 때는 의병으로, 일제강점기에는 독립운동가로 열심히 활동했지요. 특히 퇴계 선생의 고향인 안동에서는 다른 지역에 비해 현격히 많은 독립유공자가 배출되었습니다. 퇴계 후학 임시정부 초대 국무령 석주 이상룡이나 퇴계 후손 민족저항시인 이육사 등이 대표적 인물이지요. 선비의 삶을 본받고 실천하는 것이 바른 인성을 갖추고 존경받는 삶을 살아가는 데 큰 영향을 끼친다는 것을 알 수 있습니다.

요즈음 많은 부모가 자녀교육을 힘들어합니다. 무엇이 문제이고 어떤 방향으로 개선해야 할까요?

오늘날 학교에서 인성교육이 충분히 이루어지지 못하기 때문에 가정의 역할이 더 중요해졌습니다. 그런데 요즘 부모들은 자녀들에게 '공부해라', '근검절약해야 한다'면서 말로 훈계부터 하려고 합니다. 그러면서 말이 안 통하면 세대갈등을 얘기하죠.

부모가 말보다는 먼저 솔선수범하는 것이 중요합니다. 아이는 무엇보다 가정에서 보고 들은 집안 어른의 삶에 큰 영향을 받습니다. 매일매일 대하는 부모의 언행을 본받아 행동하는 것이죠. 부모가 모범을 보여야만 아이가 사람답게 성장할 수 있습니다.

퇴계 선생은 삶의 현장에서 참교육을 실천하신 인물로 꼽히는데요, 구체적으로 어떤 생활로 모범을 보이셨나요?

퇴계 선생은 솔선수범을 통해 참교육을 실천하셨습니다. 선생이 직접 설계하고 만년을 보내신 도산서당이 바로 그 현장입니다. 도산서원 경내에 자리 잡은 도산서당은 3칸 남짓한 아주 조그만 건물에 좁은 마당, 낮은 사립문과 작은 연못으로 이루어져 있습니다. 선생의 검소하고 청렴한 삶을 한눈에 보고 느낄 수 있는 현장이지요. 이 협소한 공간에서 생활하시면서 기름진 음식을 먹으면 속이 거북하고 거친 음식을 먹으면 속이 편안해진다면서 하루 두 끼 식사에 '3색 반찬'을 원칙으로 삼았다고 합니다. 또 퇴계 선생은 나이 어린 제자나 후학 등 누구나 찾아오면 사립문 밖으로 나와서 예를 갖추며 맞이하였다니 그들은 얼마나 감동하였을까요. 퇴계 선생처럼 삶의 모범을 보이는 것이야말로 참교육 아닐까요.

도산서원뿐만 아니라 670개 서원이 인성교육에 힘써야 한다고 하셨는데요, 무슨 의미인지 궁금합니다.

과거 조선시대에 서원은 사립고등교육기관으로서 현인을 모시고 따르는 존현尊賢 기능과 참선비를 길러내는 양사養士 기능, 두 가지를 겸비했었습니다. 그중에서 선비들이 학문을 강론하고 공부하던 양사 기능이 주기능이었지요. 양사 기능은 학교로 옮겨지고 근현대로 접어들면서 존현 기능만 남았습니다.

그런데 오늘날 학교는 지덕체 교육 중에 지식 전달에 지나치게 큰 비중을 두고 학생들을 가르치고 있습니다. 덕의 신장, 즉 학생들의 인성함양을 위해 서원이 다시 나서야 할 때라고 봅니다.

도산서원은 인성교육을 위해 많은 노력을 기울였다고 들었는데요, 구체적인 예를 들어 주실 수 있나요?

도산서원은 퇴계 선생이 공부하고 강학하던 도산서당에서 출발했습니다. 선생은 이곳에서 좋은 세상을 만들기 위해 착한 사람이 많아져야 한다고 강조하셨습니다. 선생 사후 뜻을 받든 제자들은 서원 교육을 통해 수백 년 동안 인성 바른 사람, 사람답게 사는 참선비를 육성하려 했던 것이죠. 도산서원선비문화수련원은 퇴계 선생의 이러한 뜻을 이어받아 2001년 설립한 부설교육기관입니다. 서원의 인성교육 필요성을 인식하고 실천하고자 한 것이지요.

이 시대의 많은 젊은이들이 인격수양을 어려워합니다. 어떤 마음가짐과 태도로 정진해야 인성을 함양할 수 있을까요?

인생은 단거리 경주가 아니라 마라톤이라고 생각합니다. 많은 젊은이들이 눈앞의 시험이나 당장의 문제해결에만 급급해 먼 장래를 내다보지 못하는 점이 정말 마음 아픕니다.

퇴계 선생은 34세에 벼슬살이를 시작하고, 50세부터 고향에서 독서와 교육에 힘썼으며, 61세에 도산서당을 세워 성리학을 집대성하고 수많은 후학을 양성했습니다. 이렇게 사셨기에 존경받는 큰 어른이 되셨지요.

퇴계 선생의 삶에서도 알 수 있듯이 인생 마라톤은 평생 공부를 통해 지와 덕을 겸비하고 실천해야만 멋지게 완주할 수 있습니다. 이 점을 잊지 말길 바랍니다.

큰 스승
퇴계의 향기

3

성현이 녀던 길을 따라

"와~ 경치 정말 좋다!"

도산서원에서 낙동강을 거슬러 올라가면 청량산이 시야에 나타나기 시작한다. 바로 이 지점에 설치된 전망대에 서면 이구동성으로 탄성을 지른다. 정면에 청량산 육육봉이 우뚝하고 양옆 산능선 사이로 맑은 강물이 굽이치며 흘러내린다. 산이 태극 모양이니 그 사이 물도 태극처럼 흐른다. 대지의 기운이 이보다 오롯이 느껴질 수 없다.

감탄하다가 바로 옆에 늘어서 있는 퇴계 이황 선생의 시비들로 눈길이 향한다. 경관이 빼어난 곳에서 역사적 인물의 자취도 만날 수 있으니 금상첨화다. 퇴계는 도산에서 청량산으로 이어지는 이 강변길을 오가며 아름다운 자연과 자신의 소회를 시로 담아냈다. 옛 성현이 가던 길이라는 뜻인 '녀던 길'이란 이 길 명칭도 퇴계의 〈도산십이곡〉陶山十二曲 가사 중에서 따온 것이다.

'퇴계 녀던 길' 전경 ⓒ 도산서원선비문화수련원

이곳의 아름다운 산천에 대한 퇴계의 감회는 그 깊이와 폭이 남달랐다. 458년 전 어느 날 새벽 해 뜰 무렵 광경을 담아낸 시가 바로 그렇다. 그날 새벽 여기서 만나 청량산을 가기로 약속한 죽마고우 벽오 이문량碧梧 李文樑(1498~1581년)이 웬일인지 나타나지 않았다. 시시각각 밝아오는 풍광 앞에 더 이상 지체할 수 없었던 퇴계는 〈나 먼저 말 타고 그림 속으로 들어가네〉라는 한 폭의 수채화 같은 시를 읊으면서 먼저 출발했다.

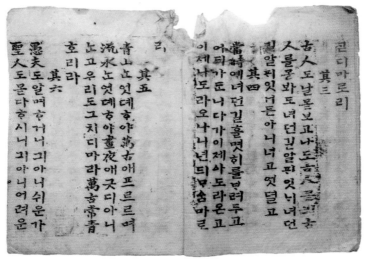

〈도산십이곡〉, '도산육곡지이 기삼'陶山六曲之二 其三.
"고인도 날 못 보고 나도 고인을 못 뵈어/ 고인을 못 뵈도 녀던 길이 앞에 있네/
녀던 길 앞에 있거든 아니 예고 어찌리"라는 내용이다. 〈도산십이곡〉은 조선
명종 20년(1565년)에 퇴계 선생이 지은 연시조로 전 6곡 '언지'는 자연과 더불어
살아가는 삶을, 후 6곡 '언학'은 학문의 즐거움을 노래했다. ⓒ도산서원선비문화수련원

그리고 이어지는 강변으로 나아간 그는 "맑은 여울과 높은 산 숨었다 다시 나타나니/ 한없이 변하는 모습 나의 시상을 돋우네"라며, 태극처럼 굽이도는 산과 강의 모습을 마치 사진 찍듯 놓치지 않고 시로 담아냈다. 그러면서 자신이 자연을 이렇게 좋아하니 "눈에 가득한 산봉우리들도 나를 반기네"라며 노래했다.

그런데 자연 산천과 인간 퇴계는 결코 격이 같을 수 없다. 이를 누구보다 잘 아는 퇴계는 시에서 주인 자리를 산천에게 양보한다.

한참 동안 떠올려 보네 어릴 때 여기서 낚시하던 일	長憶童時釣此間
삼십 년 세월 벼슬로 등졌었지	卅年風月負塵寰
내 돌아와 보니 산천 모습 여전한데	我來識得溪山面
산천은 늙은 내 모습을 알아볼는지	未必溪山識老顔

자신은 돌아와 자연의 품에 안기고 싶은데 대자연이 품어 줄지 알 수 없다는 뜻이다. 겸허함이 묻어난다.

자연으로 돌아온 퇴계는 이곳에서 사색하며 많이 배우려 했다. 성리학자답게 퇴계는 인간은 '하늘이 부여한 본성'天命之謂性대로 바르게 살아가야 한다고 믿었다. 그런데 자연은 언제나 변하지 않는 하늘의 이치天理에 따라 운행하는데, 인간은 본성대로 살아가지 못하고 사욕에 이끌리기 쉬운 존재가 아닌가? 그러니 하늘이 내린 착한 본성을 보전하고 사욕을 막는 최고의 공부

장소는 자연이 아닐 수 없다.

강물 속에 우뚝 솟아 있는 경암景巖이란 바위를 읊은 시에서도 그런 의지가 읽힌다.

천년 동안 물결친들 어찌 닳아 없어지겠는가　　　　　激水千年詎有窮
물결 속에 우뚝 솟아 그 기세 씩씩함을 다투는 듯　　中流屹屹勢爭雄
인간의 자취란 물에 뜬 부평초 줄기 같으니　　　　　人生蹤跡如浮梗
뉘라서 이 가운데 굳게 서서 견디리오　　　　　　　立脚誰能似此中

이렇게 살피다 보니 자연과 인간의 만남을 다시 생각하게 된다. 자연은 욕심 많은 인간을 만나면 망가지고 흉물스러워진다. 반대로 좋은 사람을 만나면 그 가치가 드높아진다. 솜씨 좋은 사람이 어울리는 집을 지으면 그림과 사진이 더 예술적으로 재탄생하는 이치와 같다.

녀던 길은 그저 그런 사람들이 지나다닌 길이 아니라 퇴계가 오가며 그의 정신세계를 남긴 길이다. 이곳의 자연 또한 그를 만나 더욱 가치 있는 명소가 되었다. 조선시대에는 녀던 길이 퇴계를 흠모하는 선비들의 발길이 마치 성지를 순례하듯 끊임없이 이어지던 길이었다는 사실이 이를 잘 말해 준다. 오늘의 우리도 녀던 길을 걸으며 빼어난 자연을 감상할 뿐 아니라 퇴계 선생이 남긴 사람답게 사는 길을 공부할 수 있으니 큰 소득이 아닐 수 없다.

퇴계의 길은 화목과 예의염치 배움터

3년 전 퇴계 귀향길 걷기가 봄꽃과 더불어 시작되었다. 1569년 3월 4일(음력), 여러 차례 물러나기를 간청한 퇴계가 마침내 선조 임금의 허락을 받고 14일 만에 고향 도산으로 돌아간 700리 길을 따라 걷는 행사이다. 퇴계 관련 길은 3개가 있는데, 계상의 집에서 도산서당에 이르는 '퇴계 명상길'과 도산에서 청량산에 이르는 반나절 거리인 '녀던 길' 그리고 가장 먼 길이 귀향길이다.

이맘때 도산에 피었을 매화에 대한 그리움에선지 왕의 마음이 바뀔까 하는 우려에선지, 임금의 윤허가 떨어지자 퇴계는 건천동 집에서 잠시 여장을 꾸린 후 바로 도성을 나섰다. 다음 날 아침에야 이 소식을 들은 대신들과 장안 명사들은 조정을 텅 비우다시피 모두 강변에 나와 표표히 고향으로 떠나는 그를 전송했다. 이별이 아쉬운 명사들은 함께 배를 타고 한강을 거슬러 올라갔다.

작자 미상, 〈독서당계회도〉, 조선시대, 견본채색, 57.5 × 101cm.
퇴계 선생과 명사들이 작별을 아쉬워하며 배를 탄 두뭇개나루(현 동호대교 북단) 전경.
언덕 위에는 선생이 젊은 시절(40대 초반) 공부했던 독서당 건물이 보인다.

선상에서 고봉 기대승高峯 奇大升(1527~1572년)이 먼저 송별시
를 지었다.

한강 물 넘실넘실 밤낮으로 흐르는데   江漢滔滔日夜流

선생님 이번 떠나심 어찌하면 만류할까   先生此去若爲留

백사장에 닻줄 끌며 느릿느릿 배회하는 곳에   沙邊拽纜遲徊處

이별의 아픔 만 섬의 시름 끝이 없어라   不盡離腸萬斛愁

이어서 사암 박순思菴 朴淳(1523~1589년)이 시를 지었다.

고향 생각 연이은 고리처럼 끊이질 않아	鄉心未斷若連環
한 필 말로 오늘 아침 도성을 나섰네	一騎今朝出漢關
추위가 영남 매화를 봄인데도 피지 않게 한 것은	寒勒嶺梅春未放
꽃 머물게 하여 노신선 돌아오길 기다린 것이라네	留花應待老仙還

여기서 주목할 것은 배웅 나온 유명인사 모두가 전송시를 읊었는데 퇴계는 이 가운데 유독 고봉과 사암 두 분의 시에 화답시를 지었다는 점이다.

퇴계의 답시를 차례대로 살펴보자.

배에 나란히 앉은 이 모두가 명류들	列坐方舟盡勝流
돌아가려는 마음 종일 붙들려 머물렀네	歸心終日爲牽留
바라건대 한강 물 떠서 벼루에 담아 갈아서	願將漢水添行硯
이별의 무한한 시름 써내고 싶어라	寫出臨分無限愁

물러남 윤허하시니 쫓겨남과 어이 같으리	許退寧同賜玦環
어진 분들이 내 고향 가는 길 전송하시네	群賢相送指鄉關
부끄러워라, 네 분 임금의 후한 성은 입고서	自慙四聖垂恩眷
부질없이 일곱 번이나 왔다 떠나는구나	空作區區七往還

고봉과 사암은 퇴계 제자 309명이 수록된 《도산급문제현록》陶山及門諸賢錄에 등재된 분들로 선생과 각별한 인연이 있다.

고봉은 퇴계와 여러 해에 걸쳐 그 유명한 '사단칠정四端七情 논변'을 전개한 분이다. 전라도 광주 출신인 32세의 고봉은 당시 과거에 방금 급제한 오늘의 수습 사무관 격이었다. 경상도 안동 출신의 58세 퇴계는 지금의 대학 총장 격의 정3품 당상관인 성균관 대사성을 여러 차례 지낸 고위 관료였다. 이처럼 지위와 세대, 지역 등 모든 면에서 현격한 차이가 있었으나 퇴계는 고봉을 존중하면서 자신의 의견을 겸손하게 펼쳤다.

8년 동안 무려 117통의 편지가 오간 '사단칠정 논변'은 당대 지식인들에게 초미의 관심사요, 조선 사상계를 뒤흔드는 사건이었다. 이를 통해 각자의 학문은 물론 조선 성리학도 크게 발전했고, 두 분 역시 서로 존경하고 아끼는 사제관계를 맺었다. 퇴계가 임금에게 하직하는 자리에서 추천한 사람이 고봉이었고, 퇴계가 세상을 떠난 후 주위 권유로 퇴계 묘비문을 지은 사람도 고봉이었다.

전남 나주에서 태어난 사암은 퇴계의 성리학설을 듣고 제자가 되었다. 퇴계로부터 "그와 상대하면 밝기가 한줄기 맑은 물이 흐르는 듯해 정신이 문득 맑아짐을 느낀다"라고 칭찬을 받기도 했다. 문과에 장원급제한 수재라 승진이 매우 빨라 1568년에는 문인들의 선망인 대제학에 임명되었지만 이를 사양하며 자신보다 낮은 자리의 퇴계를 대신 극력 천거했다. 연세가 높고 학문도 깊으니 마땅히 퇴계가 대제학이 되어야 한다는 것이 이유였다. 열

정승과도 바꾸지 않는다는 영광스런 자리를 스승 퇴계에게 양보했으니 진정 아름다운 정경이다. 퇴계는 이를 세 차례나 사양하다 어쩔 수 없이 받아들였으나, 곧바로 6번의 사직 상소를 잇달아 올리고 물러났다. 선비가 표방하는 물러남과 예의염치의 본보기가 아닐 수 없다.

갈등의 소지가 가득함에도 자신을 낮추고 상대를 존중하며 끝내 일구어낸 광경이니 이 얼마나 아름답고 향기로운가! 세대·이념·지역의 삼중 갈등으로 독선과 무례가 판치는 요즘 세태와 비교되는 미담이다. 어리다고 얕보지도, 생각이 다르다고 나무라지도, 지역이 떨어져 있다고 멀리하지도 않으며 모든 사람을 형제처럼 보듬었던 퇴계의 사람됨이 모든 것의 출발점이었다.

이러한 선현들의 거룩한 삶은 말이나 글보다 몸으로 체득하는 것이 더 깊숙이 더 오래 머물게 마련이다. 서울 경복궁에서 출발하여 안동 도산서원까지 14일간 '퇴계 마지막 귀향길'을 걸은 까닭이다.

오늘, 퇴계의 길을 걷는 즐거움

2019년 봄에 처음 걸었던 서울에서 안동까지 이어지는 퇴계의 귀향길을 떠올리면 지금도 가슴이 설렌다. 긴 여정이라 힘들었지만 즐거움과 배움이 풍부했다. 왜 그해에 그 길을 걸었던가? 퇴계가 1569년 3월 4일(음력) 조정에서 물러나 그달 17일 마지막으로 귀향한 지 450주년이 되었기 때문이다.

그 옛날 69세의 퇴계는 서울에서 충주까지는 배로 남한강을 거슬러 올라갔고, 충주에서 안동 도산까지는 말을 타고 육로로 갔다. 그 방식으로 갈 수 없었던 우리는 남한강 강변길과 죽령옛길을 걸었다. 퇴계가 14일 동안 이동한 270여km 가운데 배를 타고 가야 하는 충주댐 수몰구간을 제외한 240여km의 코스였다. 일정도 퇴계의 당시 음력 여정에 맞추어 4월 8일부터 21일까지 하루 평균 20km 정도 걸었다.

여러 날 소요되는 그 길을 왜 구태여 걸어갔던가? 퇴계의 삶과

퇴계 선생 마지막 귀향길 450주년 재현행사.
행사 참여자들이 기나긴 여정을 마치고 도산서원에 들어서고 있다.
ⓒ 도산서원선비문화수련원

정신을 걸으면서 더 깊이 있게 생각하고 느낄 수 있으리라는 생각에서다. 열흘 이상 몸을 움직이며 걷다 보면 스스로 체득할 것이고, 이를 바라보는 사람들도 그 여정의 의미를 곱씹어 볼 것이다. 특히 퇴계를 상징하는 '물러남'退을 공유할 수 있다는 점에서 의미가 컸다. 오늘날 우리는 '물러남'보다 '나아감'進을 선호한다. 남보다 자신을 앞세우고 드러내려 한다. 그러다 끝내 좌절하고 뒤늦게 후회한다. 개인을 위해서나 공동체를 위해 결코 바람직하지 않은 풍조이다.

임금이 그토록 만류했건만 고향으로 물러났던 퇴계의 바람은 무엇이었으며, 그것은 또 어떻게 이루어졌는가? 지금 우리는 그때 그가 남긴 가르침을 어떻게 배워 실천할 것인가? 그 길은 오늘을 사는 우리에게 성찰의 계기를 마련해 주는 구도求道의 길로서 충분한 가치를 지닌다는 판단도 행사를 마련하는 데 힘이 되었다.

그 길은 다른 미덕도 지니고 있다. 먼저, 그 길은 거리 면에서 몇 해 전부터 많은 걷기 애호가들의 사랑을 받는 올레길, 둘레길과 같이 장거리 트레킹 코스 목록에 새롭게 이름을 올려도 손색이 없다. 다음으로 그 길은 대체로 강변과 산골을 지나기 때문에 일반인도 편안하게 걸을 수 있을 정도로 평탄하고 안전하다. 또 수려한 경관은 국토 사랑을 뼛속 깊이 느끼게 하고 여울 물소리는 속세의 마음을 씻어 준다. 마지막으로, 그 길은 연도와 주변에 옛사람들의 얼이 서려 있는 역사유적지와 문화관광자원을 많이 품고 있다. 정자와 관아터, 서원과 사찰을 지나며 인문·역사를 공부하는 재미도 적지 않다. 이처럼 거리와 난이도 그리고 아름다운 자연과 격조 높은 인문의 만남이라는 점에서 그 길은 새로운 걷기 코스로 적격이다.

2019년 행사 때 참여했던 사람들도 이구동성으로 걷기 행사가 450주년 일회성 행사로 끝나는 것은 아쉽다며 매년 개최해 달라고 요청했다. 뿐만 아니라 참여하지 못했던 분들도 관심을 보였고, 언론에서도 '한국의 산티아고 순례길'이라며 지면을 많이 할애했다. 이런 성원에 힘입어 2020년 봄 제2회 퇴계 선생 귀향길 걷기 행사를 추진했으나, 코로나 팬데믹이라는 뜻밖의 사태로 중단되고 말았다.

이 의미 있는 길은 매년 한 차례 재현행사 때만 걷기보다 누구나 언제든지 갈 수 있어야 한다. 그래서 이 길을 걸었던 필자와 도산서원 참공부 모임 연구자들이 누구나 찾아갈 수 있도록 2021년 3월 《퇴계의 길에서 길을 묻다》라는 인문답사서를 펴냈다.

2021년 봄 제2회 재현행사는 또다시 중단할 수 없어 방역수칙을 철저히 지키면서 옛 일정대로 4월 15일부터 28일까지 매일 4명만 걸었다. 그 대신 비대면으로 더 많은 분들에게 다가가고자 유튜브 채널 '퇴계의 길에서 길을 묻다'를 통해 매일 구간마다 해설을 했다. 올해 제3회 재현행사는 코로나19가 어느 정도 완화되어서 4월 4일부터 17일까지 매일 20~50명이 참여하면서 점차 활기를 되찾았다.

누구나 언제든지 찾아가려면 안내판과 표지판 그리고 퇴계 선생의 정신이 담긴 시비가 곳곳에 세워져야 한다. 금년 봄 재현행사 때 안동시 구간은 설치했다. 이를 효시로 타 시군에도 설치하기 위해 관련기관에 건의하여 긍정적 결과를 기대하고 있다.

아무쪼록 코로나 종식 후 퇴계 귀향길이 더 많은 사람들에게 열려 사람의 도리를 생각하고 자연을 즐기는 데 소중한 나침반이 되길 바란다.

퇴계의 마지막 생애 1년 9개월

퇴계 선생을 모르는 사람은 거의 없다. 하지만 제대로 아는 사람은 드물다. 먼 역사 속 위인 정도로만 알려졌을 뿐이다. 그러나 필자가 보기에 퇴계는 오늘의 우리에게 가장 바람직한 롤 모델이다. 그는 최고 권력자도 아니고 전쟁 영웅도 아니었다. 시골의 평범한 선비 집안에서 태어나 공부와 수양을 통해 스스로 이룩한 인격으로 당대는 물론 후대까지 많은 사람에게 존경받으며 선한 영향을 끼친 인물이다. 이것이 가능했던 것은 그가 살아간 70 평생의 시간과 만남 속에서 일구어낸 배움과 배려, 그리고 아는 것을 반드시 실천했던 지행병진의 자세 덕분이다.

누구나 다른 사람이 믿고 따르며 존경하는 사람이 되기를 원한다. 퇴계는 그런 삶이 불가능한 것이 아님을 보여 주었고, 그것이 일상을 떠나 얻어지는 것이 아님을 우리에게 알려 주었다. 높아지면 남을 얕잡아 보고 특혜를 누리려는 것이 인지상정인

데, 퇴계는 그럴수록 더 자신을 낮추고 타인을 보듬었다. 남다른 사명감도 두드러졌다. 퇴계는 벼슬보다 더 소중한 가치를 추구했다. 그것은 이 세상에 착한 사람이 많아지는 것이었다. 이를 위해 70번 이상 사직을 간청했고, 마침내 고향으로 물러나 학문연구와 후학양성에 힘을 쏟았다.

퇴계가 현대인에게 주는 가장 큰 교훈은 이러한 삶을 생의 끝자락까지 지속했다는 사실이다. 1569년 3월 69세 노인 퇴계는 귀향 허락을 받고 고향에 돌아와 그처럼 하고 싶었던 학문 연마와 강학에 마지막 힘을 기울였다. 제자와 후학들에게 편지를 쓰고 시를 짓고 편액 글씨를 써 보내면서 평생에 걸쳐 이룬 것을 세상에 돌려주었다. 이때 그가 보낸 편지 분량이 놀랍다. 마지막 1년 9개월간 573통을 보냈는데, 한 해 300통이 넘는다.

그 내용도 눈에 띈다. 대를 이을 증손자에게 젖을 먹일 여종을 보내 달라는 손자의 편지에 대하여 여종의 갓난애가 죽을 수 있다면서 보내지 않은 것이 작고하기 몇 달 전 편지의 내용이다. 고봉 기대승과 《대학》大學의 격물치지 格物致知 문제를 토론하며 자신의 학설을 수정한 편지를 보낸 것은 세상 떠나기까지 두 달도 채 남지 않았을 때 일이다. 퇴계는 마지막까지 자제와 후학들에게 진실된 삶을 가르침으로 남겼다.

참된 삶은 당연히 후세에 그만큼 깊은 울림을 남긴다. 사후 퇴계는 도산서원을 비롯하여 34개소에 달하는 서원에 모셔졌다.

역대 국왕의 지극한 예우와 선비들의 당파를 초월한 존경도 받았다. 국권침탈기에는 후손과 학맥에서 의병장과 독립운동가가 쏟아져 나왔다. 2022년 8월 전국 독립유공자 1만 7,285명 중 안동 출신이 기초지방자치단체 평균의 10배인 384명이라는 사실이 이를 증명한다. 오늘에 이르러서는 국제퇴계학회를 필두로 다양한 기관과 단체에서 퇴계학을 연구하고 보급하고 있다. 그의 선비정신을 배우려 도산서원과 도산서원선비문화수련원을 찾는 발길 또한 끊어지지 않고 있다.

이제 오늘날 우리가 지향할 바가 명확해졌다. 단순히 건강하게 오래 사는 차원을 넘어 더 가치 있고 의미 있는 삶을 찾아 실천해야 한다. 우리 앞에는 그 길을 먼저 걸어간 퇴계가 있다. 생의 마지막까지 자신을 성찰하고 공부하며 남을 배려하고 존중하면서 착한 사람이 많아지길 염원하며 살아간 삶이다. 퇴계 선생 서세 450주년은 단순한 시간의 마디가 아니라 앞서간 그의 삶을 배우고 실천함으로써 우리 삶의 품격을 높이는 계기로 자리매김 해야 할 것이다.

퇴계의 매화 사랑

퇴계 선생의 매화 사랑은 이제 꽤 알려졌다. 얼마나 아끼고 사랑했기에 세상을 떠나는 날 아침에 "분매에 물을 주어라"〔令侍人灌盆梅〕라고 명했을까.

퇴계가 오랫동안 존경받는 까닭은 그의 실천적 삶 때문인데, 그 중심에는 늘 매화가 자리 잡고 있다. 그에게 매화는 하나의 완상용 식물이 아니고 인격을 갖춘 존재였다. 매화를 '매형'梅兄, '매선'梅仙이라 부르며 누구보다 자신을 깊이 이해하고 가치관을 공유하는 존재로 여겼던 것이다.

매화의 청신한 향기와 수줍은 자태에서 풍겨나는 고결함이 자신이 추구하는 가치와 흡사하여 분신처럼 여겼던 것은 아닐까? 그래서 육신은 떠나더라도 자신이 추구하는 가치는 매화를 통해 오래오래 전해지리라 기대했을지도 모른다.

여기서 필자는 퇴계의 매화 사랑에 관해 두 가지를 언급하겠다.

퇴계가 손수 설계하고 머물던 도산서당 옆에 매화가 만발했다.
ⓒ 도산서원선비문화수련원

하나는 매화의 고결함과 향기를 담은 퇴계의 시를 읊으며 몇 해 전까지 매우 부끄러웠다는 고백이다. 매화 향기를 맡으려 아무리 바짝 다가가도 좀처럼 느낄 수 없어 비감한 생각마저 들었다. 그런데 지난해 봄에는 바로 그곳에서 매화의 청향清香을 여러 번 맡았다. 지금까지 어떤 향에서도 느끼지 못한 행복감이 밀려왔다. 올해에는 더 여러 차례 맡으며 퇴계 선생의 지극한 매화 사랑을 더욱 존경하게 되었다. 내년 봄 매화 향기가 뿜어 나오는 시기에도 이 즐거움을 더 많은 분들과 함께하려 한다.

다음으로 분매와 관련된 잘못된 내용을 밝혀 보려 한다. 인터넷을 보니 분매(매화분)에 물을 주라고 했다는 기록이 많지만 매화나무에 주었다는 기록도 보인다. 또 두향杜香이란 여인이 선물한 것이라는 기록이 여러 곳에 보인다.

최근 몇 차례의 퇴계 마지막 귀향길 걷기 추진 과정에서 이에 관하여 확인한 내용을 공유하겠다. 관련 기록을 통해 좀 더 살펴보자. 먼저 물을 주라고 한 대상은 매화나무가 아니라 방에서 키우는 분재라는 사실이다. 기력이 극도로 쇠잔해진 퇴계가 한겨울(음력 12월 8일) 밖에 서 있는 매화나무를 언급했을 리 없다. 그러면 퇴계는 당시 상당히 귀했던 분매를 어떻게 소장하게 되었을까?

세상을 떠나기 2년 전인 1568년 7월, 68세의 퇴계는 노구를 이끌고 상경했다. 한 해 전에 준비 없이 갑자기 왕위에 오른 17세 소년 임금 선조가 여러 차례 간곡히 도와달라고 한 요청을 더 이상 외면할 수 없어서였다. 그때 서울에 머무는 동안 가까이 모시던 제자 김취려金就礪가 노스승의 적적함을 달래드릴 선물을 가져온다. 바로 이 분매다. 퇴계는 "신선 같은 매화〔梅仙〕가 쓸쓸한 나의 짝이 되어/ 객창 깨끗한 꿈길도 향기로웠네"라고 읊으며 반겼다.

분매와 함께 서울에서 머무는 몇 달간 경연에 참여하고 《성학십도》를 지어 바친 퇴계는 임금과 조정을 위해 할 일은 다했다고 생각한다. 그리고 착한 사람이 많은 도덕사회를 구현하는 필생의 사업을 고향 도산에서 마무리하고픈 염원에서 귀향을 간청한다. 이듬해 1569년 3월 어렵사리 임금으로부터 고향을 다녀와도 좋다는 허락을 받은 퇴계는 행장을 꾸린다.

그러던 중에 아끼던 분매와 동행을 할 수 없는 것이 미안하여 서울을 떠나기 전날 그는 분매와 시를 주고받는다.

서울 집에서 분매와 주고받다 漢城寓舍盆梅贈答

갑자기 보내온 매화 신선이 쓸쓸한 나의 짝이 되어	頓荷梅仙伴我凉
나그네 집 산뜻해지고 꿈길마저 향기로웠네	客窓蕭灑夢魂香
귀향길 그대와 함께 못 가 한이 되니	東歸恨未攜君去
서울 티끌 속에서 예쁜 모습 잘 간직하게나	京洛塵中好艶藏

분매가 답하다 盆梅答

들건대 도산의 신선 우리같이 쓸쓸하게 지내다가	聞說陶仙我輩凉
공이 돌아오거든 자연스런 향기 피우려 한다네	待公歸去發天香
원컨대 공과 서로 마주하는 곳이나	
서로 그리워하는 곳에서나	願公相對相思處
옥설 같은 맑고 참됨 함께 고이 간직하기를	玉雪淸眞共善藏

서울에 남겨진 분매는 고향에 간 퇴계와 그곳 도산의 매화 그리고 자기가 함께 '옥설 같은 맑고 참됨'玉雪淸眞을 간직하기를 바랐다. 진정으로 원하는 삶을 분매를 의인화하여 다짐한 것이다.

고향에 내려와서도 결코 잊을 수 없었던 퇴계는 이듬해 뜻밖에도 분매를 다시 마주한다. 스승의 뜻을 잘 아는 김취려는 귀향 이듬해 이 분매를 보낸 것이다.

퇴계는 반가워하는 마음을 이렇게 남겼다.

일만 겹의 붉은 먼지를 깨끗이 벗어나	脫却紅塵一萬重
세상 밖으로 찾아와 늙은이와 짝 되었네	來從物外伴癯翁
일 좋아하는 그대가 나를 생각지 않았다면	不緣好事君思我
해마다 빙설 같은 이 모습을 어찌 보리오	那見年年冰雪容

꿈에 그리던 분매를 다시 만나 같이 지내게 된 기쁨과 이렇게
해준 제자에 대한 고마움이 듬뿍 느껴진다. 퇴계가 지은 그 많은
매화시 중에서 마지막으로 지은 매화시다.

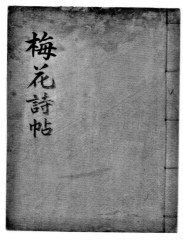

퇴계 선생의 《매화시첩》.
《매화시첩》은 퇴계 선생이 읊은 100수가 넘는 매화시 가운데
91수를 선별하여 묶은 역사상 유일한 매화시집이다. ⓒ 국립민속박물관

김홍도, 〈백매〉, 조선시대, 지본담채, 80.2 × 51.3cm. ⓒ 공유마당
김홍도 특유의 출렁이는 필선과 부드러운 선염으로 줄기와 가지,
수줍게 맺힌 꽃봉오리를 소담하게 그려냈다.

해마다 볼 수 있겠다는 바람과 달리 퇴계는 해를 넘기지 못하고 추운 겨울 세상을 떠나게 된다. 그때 그는 분신처럼 생각해 온 분매에게 무슨 말이라도 한마디 남기고 싶지 않았을까? 그것이 바로 매화의 생명 연장을 바라는 마음에서 그에게 꼭 필요한 물을 주라는 것이었으리라.

450여 년 전 한 성현이 매화를 대하면서 생의 마지막까지 남겨 준 고귀한 정신세계는 오늘날 우리에게 아직도 따뜻하게 다가온다. 그리하여 우리로 하여금 어떻게 살아가야 할지 성찰하고 사려하도록 이끄는 따뜻한 손길이 되고 있다. 우리도 때맞춰 매화 향기를 맡으며 그 길을 따라가 보자.

은어잡이와 군자의 몸가짐

고위 공직 후보자의 인사 청문회는 고성과 면박 주기, 뻔한 부인과 변명으로 갈수록 소란스러워지고 있다. 후보자의 식견과 직무능력에 대한 질의와 답변은 밀려나고, 매번 신상과 사생활 공방으로 시간을 소진한다. 세금 탈루, 부동산 투기, 위장 전입, 논문 표절, 음주 운전 등 일반인이 저질러도 비난받을 사안이 대부분이다. 그런데 철저한 검증은 거른 채 대부분 임용되고 있다.

지난 대선 정국을 되돌아보자. 나라를 잘 이끌어 갈 수 있다고 너도나도 나섰다. 21세기에 한 국가의 최고 지도자는 어떤 인물이 적합한가? 당연히 다양한 국내외 주요 정책 과제에 대한 해박한 지식과 고도의 판단력, 그리고 사람을 아우를 수 있는 지도력이 필수다. 따라서 유권자가 이를 잘 판단할 수 있도록 시간을 들이더라도 깊고 넓은 검증이 이루어져야 한다.

하지만 선거 진행 과정을 살펴보면, 후보들의 국가경영 철학과 운영능력보다 본인과 가족의 신상과 처신, 사생활 등을 둘러싼 후보들 간에 이전투구泥田鬪狗가 더 뜨거운 관심사가 되었다. 대권 후보자 검증이 이런 차원에만 맴돈다면 참으로 불행한 일이지만, 유감스럽게도 이것이 현실이다.

유권자들이 최고 지도자에게 감성적으로 먼저 끌리는 것은 비전이나 능력보다 그에 대한 존경심과 신뢰감에 더 끌리는 듯하다. 존경심은 자질과 인품에서 우러나고, 신뢰는 그간 보여준 삶에서 자연스레 형성된다. 그러므로 지도자가 되려는 사람은 무엇보다 먼저 자질을 갖추고 평소 생활이 신뢰받을 수 있어야 한다.

앞서 언급한 문제들은 큰 지도자가 되리라 미처 생각지 못하고 평소 개인적 욕망에 이끌렸기 때문에 생긴 것이다. 문제가 제기된 후 잘못을 시인하는 데 인색한 것은 얻고 싶은 자리에 대한 미련 때문이리라. 고위직으로 나아가면 일반인보다 언행이 더 드러나기 마련이다. 최상의 선택은 미리 대비하여 남에게 혐의받을 행동을 미연에 분별하는 것이다. 우리 조상들은 이를 '별혐'別嫌이라 했다.

중국 당나라 시인 섭이중聶夷中의 〈군자행〉君子行이란 시는 이런 맥락에서 지금도 큰 울림을 준다.

군자는 일이 그리 안 되도록 예방하니	君子防未然
혐의받을 만한 곳에 있지 않는다네	不處嫌疑間
오이밭에서는 신발을 고쳐 신지 아니하고	瓜田不納履
오얏나무 아래에서는 갓을 고쳐 쓰지 않는다네	李下不正冠

군자는 의심받을 행동을 하지 않아야 하니, 남들이 오해할 만한 행동을 처음부터 삼가라는 뜻이다. 군자는 오늘의 지도층 인사이다. 공인이나 지도층 인사로 산다는 것은 다른 어떤 인생보다 늘 주시받기 때문에 이 점을 항상 성찰해야 한다.

우리 역사상 누구보다 별혐을 철저히 실천한 분은 퇴계 선생이다. 선생의 생활과 교육에서 나타난 도덕적 행동 가운데 가장 특징적인 것이 별혐이라 해도 과언이 아니다. 몇 가지 사례를 살펴보자.

퇴계 선생이 60세에 마련한 도산서당 앞으로는 낙동강이 흐른다. 이곳은 은어가 많아 관에서 나라에 진상하기 위해 여름부터 초가을에 이르는 은어철에는 어량魚梁이라 부르는 고기잡이 발이나 그물을 설치했다. 퇴계는 해마다 이때가 되면 강바람이 시원한 도산을 떠나 산 넘어 비좁은 계상(현 퇴계 종택 부근)에서 지내다가 어량이 끝나면 돌아왔다. 동갑인 남명 조식 선생이 이 말을 멀리서 듣고 웃으면서 "어찌 그리 소심한가? 내가 스스로 범하지 않았다면 비록 관에서 어량을 설치했다 한들 무엇이 혐의쩍고 무엇이 피할 게 있겠는가?"라고 했다. 이를 전해 들은 퇴계는 "남명이라면 그렇게 하겠지만 나는 역시 이렇게 하겠다"라고 했다. 별험에 대해 철저한 그의 엄격성을 엿볼 수 있는 대목이다.

비슷한 일화가 또 있다. 퇴계가 40대 후반에 낙향을 마음에 두고 낙동강과 가까운 하명동에 집을 마련하려다 그만둔 적이 있다. 사람의 출입을 금하는 어량을 설치하는 것을 보고 강가에서 더 떨어진 계상으로 옮긴 것이다. 철없는 어린 손자들이 법을 어길 염려도 있고, 괜히 관의 혐의를 받을까 싶어서였다. 이 일화는 지금도 전해져 퇴계 가문의 엄한 가훈이 되고 있다.

그 밖에 형님이 충청 감사로 오자 임지인 단양에서 경상도 풍기로 전근해 간 일, 물러나 있는 도산으로 현직 감사가 방문하러 오는 것을 그때 상황을 알리며 말린 일, 아들과 조카들은 세도가의 근처에 가지 못하도록 한 일 등도 퇴계의 별험에 대한 생각과 처신을 보여 주는 유명한 일화들이다.

퇴계의 시대보다 더 밝은 눈과 엄격한 잣대로 공인과 지도자를 바라보는 국민이 많아진 오늘날은 어떻게 해야 할까? 시대 변화를 생각할 때 퇴계와 똑같이 실천하기는 어려울 것이다. 그러나 떳떳한 공인과 지도자가 되려면 적어도 그 정신은 가슴에 새기고 실천해야 하지 않을까? 비록 도달할 수는 없더라도, 공인과 지도자를 꿈꾸는 사람이라면 마땅히 삶을 인도하는 등대로 삼아야 할 것이다.

소박한 밥상

얼마 전 집안 형님과 친한 벗이 퇴계 선생의 밥상에 관한 일화를 각각 SNS로 보내왔는데 살펴보니 동일한 내용이었다. 흥미도 있으려니와 의미도 있어 소개한다.

퇴계가 고향에 돌아와 제자를 양성하고 있을 때 영의정을 지낸 권철 權轍(1503~1578년) 대감이 서울에서 도산서당을 찾아왔다. 그는 훗날 임진왜란 때 행주산성에서 왜군을 무찌른 권율 權慄 (1537~1599년) 장군의 아버지다. 서울에서 명망 높은 이가 700리 머나먼 길에 일개 사숙의 훈장을 찾아온다는 것은 당시 관습으로 거의 드문 일이었다. 퇴계는 동구 밖까지 나가 영접하고 기쁜 마음으로 학문을 토론했다.

거기까지는 좋았다. 식사 때가 되자 저녁상이 나왔는데 보리밥과 콩나물국, 가지나물, 산채, 북어무침이 전부였다. 산해진미에 익숙한 권 대감은 입에 맞을 리 없어 몇 숟갈을 뜨고 상을 물리고 말았다. 다음 날 아침에도 똑같은 음식이 나와 역시 몇 순갈 뜨고 상을 물렸다. 음식이 입에 맞지 않아 더 머물 수 없었다. 떠나면서 좋은 말씀을 부탁하는 권 대감에게 퇴계는 옷깃을 바로 하며 말했다.

"융숭한 식사 대접을 못해 매우 송구합니다. 그러나 제가 올린 이 식사는 일반 백성이 먹는 것에 비하면 더할 나위 없는 성찬입니다. 대감께서 입에 맞지 않아 제대로 잡수지 못하는 것을 보고 저는 이 나라의 장래가 은근히 걱정되옵니다. 무릇 정치의 요체는 백성과 같이 즐겨야 한다는 여민동락與民同樂이옵니다. 관과 민의 생활이 그처럼 동떨어져 있으면 어느 백성이 관의 정치에 심열성복心悅誠服하겠나이까? 이 점 각별히 유의하시길 바랄 뿐입니다."

권철 대감은 얼굴을 붉히며 머리를 수그렸다.

"선생이 아니고서는 누구에게도 들어 볼 수 없는 충고입니다. 집에 돌아가면 선생 말씀을 잊지 않고 실천에 옮기도록 하겠습니다."

권 대감은 서울에 올라오자 가족에게 이를 전하고 지극히 검소한 식생활을 실천했다.

백성들에 의해 구전되어 온 이 일화와 연관된 기록이 흥미롭게도 《퇴계 선생 언행록》에서 확인되었다. 제자 우성전禹性傳(1542~1593년)의 기록인데, 내용은 이러하다.

선생(퇴계)이 일찍이 서울에 올라와서 서성 西城(현 덕수궁 돌담 옆) 안에 우거했는데, 지금의 좌의정 권공(권철)이 찾아와 뵈었다. 밥을 차려 대접하는데 반찬이 담박해서 먹을 수 없었으나 선생은 마치 진미인 양 조금도 꺼리는 기색이 없었다. 하지만 권공은 끝내 먹지 못하고 밖으로 나와서 사람들에게, "지금까지 입버릇을 잘못 길러 이렇게까지 되었으니 매우 부끄럽다"라고 했다.

제자가 기술한 내용이니 틀림없을 것이다. 실제로 두 사람이 만난 장소가 서울이고, 시기도 퇴계 만년(60대 후반)이 아니고 서성 안에서 살던 50대 초반이라 앞의 일화와 다소 차이가 있다. 그러나 대체적 줄거리는 같다. 더 주목해야 할 사실은 앞의 일화에서는 퇴계가 권철에게 나라 지도자는 백성과 같이 즐겨야 하며, 그래야 백성의 심복을 받을 수 있음을 일러 주었다는 대목이

퇴계 종가의 차례 상. 퇴계 선생의 가르침대로 소박하게 차렸다.
술, 떡국, 전, 포, 과일 등 다섯 가지가 전부다. ⓒ 퇴계 종가

추가된 점이다. 퇴계 선생의 입을 빌려서라도 백성이 정말 하고 싶던 말이 아닐까?

《퇴계 선생 언행록》에는 음식에 관한 기록이 곳곳에 나타난다.

> 끼니마다 음식은 두서너 가지에 불과했고, 더운 여름철에는 건포乾脯 뿐이었다. 잡곡밥을 고량진미처럼 맛있게 드셨다. 일찍이 도산에서 선생을 모시고 식사한 적이 있는데 단지 가지나물, 무나물, 미역뿐이었다.

> 선생은 일찍이 "나는 정말 박복한 사람인가 보다. 기름지고 맛있는 음식을 먹으면 기분이 답답하고 체한 것 같아 편치 않은데 거친 음식을 먹고 나면 바로 속이 편해진다"라고 하셨다.

퇴계의 검약생활은 음식에만 국한되지 않았다. 세수할 때는 질그릇을 쓰고 부들자리에 앉았으며, 베옷과 칡으로 엮은 신발에 대지팡이를 짚었다. 집이 좁고 허술하여 모진 추위와 무더위를 다른 사람들이 견디기 힘들어했지만 선생은 여유롭게 지냈다. 영천군수 허시許時가 찾아와 "이처럼 비좁고 누추한데 어찌 견디십니까?"라고 묻자, 선생은 "오랫동안 습관이 되어 못 느끼겠다"고 했다.

퇴계는 높은 지위와 봉록을 스스로 사양하고 곤궁한 생활을 이어갔다. 아내의 장례를 치르기 힘들 정도여서 사람들로부터 이해할 수 없다는 비아냥을 듣기도 했지만 결코 세속적 명리를 바라지 않았다. 대신 퇴계는 인간의 착한 본성을 찾는 학문의 성취를 이룬 대유大儒로, 백성들과 같은 밥과 반찬을 먹고 초라한 집에서 지내며 아랫사람을 먼저 보살핀 한유寒儒로 우뚝 섰다.

그가 이 시대 우리에게 깨우쳐 주는 것은 무엇인가? 선거철만 되면 시장에서 허름한 음식을 먹으며 '서민 코스프레'를 하는 분들을 보곤 한다. 더 투명해진 세상에, 더 많이 배운 국민이 그 장면을 진정 어린 행동으로 바라볼 것인가? 깊이 새겨볼 때다.

퇴계와 고봉의 지란지교芝蘭之交

우리 사회의 반목과 갈등이 날이 갈수록 심해지고 있다. 걱정스러운 마음에 선현들의 아름다운 소통 사례를 소개하고자 한다. 필자가 원장을 겸하는 안동 도산서원에 모셔진 퇴계 선생(이황, 1501~1570년)과 광주광역시 월봉서원에 모셔진 고봉 선생(기대승, 1527~1572년)의 이야기다.

두 분의 첫 만남은 1558년 11월 고봉이 퇴계의 서울 집을 방문하면서 이루어졌다. 당시 두 분의 나이와 지위는 차이가 컸다. 58세 퇴계는 대사성이었다. 32세 고봉은 막 과거에 급제한 초급 관료였다. 이 만남에서 고봉은 저 유명한 사단칠정 논변의 서단을 열었다. 퇴계는 고봉의 학문적 깊이를 탄복하며 논변의 상대로 받아들였다.

문제 제기를 받은 후 퇴계는 이듬해 정초에 고봉에게 편지를 보냈다.

그대의 사단칠정에 대한 논박을 듣고 제가 전에 말한 것이 더욱 잘못되었음을 알았습니다. … 이처럼 고치면 괜찮을지 모르겠습니다. 처음 만나면서부터 견문이 좁은 제가 박학한 그대에게서 도움받는 것이 많았습니다. 하물며 친하게 지낸다면 도움이 어찌 이루 말할 수 있겠습니까? 기미년 1월 5일 황은 머리를 숙입니다.

당대 최고의 원로 학자가 젊은 학자의 의견을 받아들인다는 것이 아름답지 않은가. 젊은 나이지만 이미 100여 권의 《주자대전》을 독파하고 《주자문록》을 저술한 고봉 또한 원로에게 예의를 한껏 갖추면서 논리 정연한 답장을 보냈다.

선생님께서 1월 5일에 쓰신 편지 한 통을 받았습니다. 그것을 반복해서 음미하니 감동되고 위안됨이 많았습니다. 선생님께서 고치신 설을 연구해 보면 미심쩍은 것이 확 풀리는 것 같습니다. 그렇지만 제 생각에는 … .

두 분의 논변은 생각과 철학, 나이와 지위, 영호남의 먼 거리에도 8년 동안 이어졌다. 무엇보다 최고의 학식을 갖춘 퇴계가 상대를 존중했기 때문에 가능했던 일이다. 그 결과 두 분은 크나큰 성과를 함께 거두었다.

첫째는 수준 높은 학문적 성취이다. 퇴계는 고봉과의 논변에 힘입어 '동방의 주자'라는 칭송을 듣게 되었다. 고봉도 학문적으로 큰 진전을 이루어 냈다. 훗날 퇴계는 선조 임금에게 학문적으로 두루 통하지 않는 데가 없다면서 고봉을 '통유'通儒라며 천거했다.

둘째는 아름다운 사제의 연이다. 논변이 마무리된 뒤에도 두 분은 생이 끝날 때까지 성리학뿐 아니라 심지어 가정사까지 상의하는 뗄 수 없는 관계를 지속했다. 훗날 퇴계가 마지막으로 서울을 떠날 때 고봉은 한강의 배 위에서 스승과 헤어지는 이별의 아픔을 사무치게 읊었다.

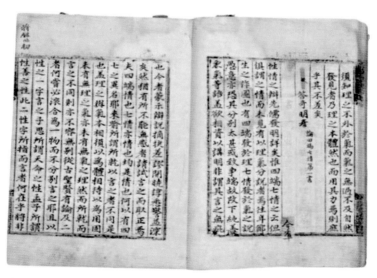

《논사단칠정서》.
《퇴계 선생 문집》 16~17권에 수록된 논저로 퇴계와 고봉이 주고받은 편지들로 이루어졌다. 훗날 조선 성리학파의 연원이 된 글이다. ⓒ 한국국학진흥원

월봉서원 전경.
1578년(선조 11년)에 고봉 기대승의 학문과 덕행을 추모하기 위해 창설되었고,
1654년(효종 5년)에 '월봉'이라고 사액되었다. ⓒ 도산서원선비문화수련원

　　1년 9개월 후 퇴계가 세상을 떠났다는 소식을 들은 고봉은 저
승에서라도 만나고 싶다고 통곡했다.　그러면서 스승의 참모습
에 관한 글을 적었는데 이는 훗날 퇴계의 관 옆에 놓였다.

　　벼슬이 높았으나 그렇지 않은 것처럼　　　　官雖高而不自以爲有
　　학문에 힘썼으나 두텁지 않은 것처럼　　　　學雖力而不自以爲厚

　　퇴계와 고봉 두 가문은 이후 500여 년이 흐르도록 일가친척 못
지않게 교분을 이어 왔다.　호남의 고봉 집안은 퇴계 선생 제자들

의 모임인 도운회에도 적극 참여한다. 아무런 연고 없는 필자도 호남 유림의 환대를 받으며 10년째 월봉서원 원장을 맡고 있다. 두 분이 꽃피운 향기가 이처럼 오래가는 것이다.

2020년 11월 안동에서 열린 퇴계 선생 서세 450주년 기념행사에서는 광주의 고봉숭덕회 이종범 이사장께서 고봉 선생의 삶을 생생하게 들려주었다. 감동적이었다. 뒤이어 2022년 11월 광주에서 개최될 고봉 선생 서세 450주년 기념행사를 위해 필자를 비롯한 퇴계학 연구자들은 발표를 준비하느라 여념이 없다.

면면히 이어지는 두 분의 사례를 보면 우리는 어떠한 견해나 입장의 차이도 참고 극복할 수 있지 않을까 싶다. 퇴계처럼 사람을 대하면 누구든 포용할 수 있고, 고봉처럼 처신하면 누구와도 좋은 결실을 맺을 수 있다. 역사가 주는 뜻깊은 교훈이자 아름다운 선물이 아닐 수 없다.

선비문화와 르네상스

2019년은 레오나르도 다빈치Leonardo da Vinci (1452~1519년) 서세 500주년 되는 해이며, 2020년은 퇴계 선생이 돌아가신 지 450년이 되는 해이다. 반세기 시차가 있는 동서양 두 거인은 교류하거나 별다른 영향을 주고받은 것은 없었다. 그런데 이 주제를 택한 까닭은 2019년 말 한 민간단체의 요청으로 국내에서 개최한 레오나르도 다빈치 서세 500주년 기념식에서 필자가 축사를 했기 때문이다.

'역사문화살롱'이라는 이 단체는 역사, 문화, 예술 등 격조 높은 주제에 관심 있는 순수 동호인들이 매월 한 차례씩 만나 공부하는 우리나라에서 보기 드문 살롱 형식의 아름다운 모임嘉會이다. 이 살롱의 100회 개최를 맞이하여 르네상스 시대를 대표하는 천재 레오나르도 다빈치의 서세 500주년 기념행사를 주한이탈리아대사관과 공동개최하기로 양측이 성사시켰다. 아직 우리

레오나르도 다빈치 초상화.
레오나르도 다빈치는 르네상스 시대를 대표하는
이탈리아의 천재적 화가 겸 과학자이다.

나라에서는 살롱문화가 낯설지만 이 문화가 꽃핀 곳은 프랑스이
고 그 시작은 이탈리아다. 바로 그 이탈리아가 자랑하는 대표적
인물인 레오나르도 다빈치가 서거한 지 500주년 되는 뜻깊은 해
였기에 기념행사를 공동개최하기로 뜻을 모았으리라.

잘 알다시피 레오나르도 다빈치는 〈모나리자〉와 〈최후의 만
찬〉을 그린 이름난 화가이다. 뿐만 아니라 건축과 조각, 작곡과
연주 등 예술 분야, 그리고 물리학, 수학, 해부학 등 과학 분야
에 이르기까지 다방면에 걸쳐 큰 업적을 남긴 르네상스 시대의
만능 천재이다. 그래서 그의 조국 이탈리아를 넘어 세계인의 찬

사를 받는 인물이다. 필자도 20년 전 프랑스 루아르 고성古城 가운데 하나인 앙부아즈성에 들렀을 때 모국이 아닌 곳에서 살다 세상을 떠난 그의 유해와 유물을 보며 개인적으로 무척 흠모했던 기억이 난다.

행사주최 측에서는 이탈리아의 레오나르도 다빈치가 꽃피운 서양의 르네상스 시대에 우리나라의 문명과 주요 인물들에 대해 들려주었으면 좋겠다고 필자에게 요청했다. 그래서 레오나르도 다빈치 서거(1519년) 전후에 활동한 우리나라 인물들과 퇴계 선생에 관한 몇 가지 사실을 언급했다. 이 내용을 좀 더 보완하여 이 책의 독자들과 공유하고자 한다.

먼저 당시 조선은 세계 제일의 과학문명국가였다. 레오나르도 다빈치가 활동했던 시기보다 약 1세기 앞서 건국한 조선왕조 (1392~1910년)는 유학 특히 신유학인 성리학을 통치 이데올로기로 삼은 문치文治국가였다. 나라를 이끄는 계층은 지식이 높은 문관文官이었다. 최고 권력자인 국왕도 경연經筵 제도를 통해 문관들로부터 유학경전을 배우며 정치를 펼쳐 나갔다. 이 시기 어느 나라 지배계층에서도 좀처럼 볼 수 없는 특이한 현상이다. 사대부 또는 선비라 불리는 이들은 문사철과 시서화 등 인문 예술뿐 아니라 정치·경제·사회 등 사회과학에도 정통했다. 더 나아가 천문, 의학 분야 등 자연과학까지 지식의 범위가 매우 넓었다. 자연히 창의력과 융합능력이 탁월했다.

이들이 이끄는 국가의 문명도 활짝 꽃피었다. 한 가지 사례로 1983년 일본에서 발간한 《세계과학기술사전》에 따르면 15세기 전반(1401~1450년)에 나온 세계적 발명품(62개) 가운데 거의 절반 (29개)이 우리나라에서 발명되었다. 이 기간 중에 일본 발명품은 하나도 없었고 중국도 5개에 지나지 않았다. 당시 조선은 세계 최고의 과학문명국가였던 것이다. 이 시기에 활동한 장영실蔣英實은 천민 출신의 과학자였지만, 역서曆書 《칠정산 내편》七政算 內篇을 편찬한 당대 최고의 천문학자 이순지李純之(?~1465년)와 김담金淡(1416~1464년)은 고위직 문관이었다.

다음으로 지배계층의 주도세력이 바람직한 방향으로 옮겨갔다. 레오나르도 다빈치가 서거한 바로 그해 조선에서는 매우 중대한 역사적 사건(기묘사화)이 발생했다. 조선 사회를 성리학적 이상세계로 이끌어 가려는 정의롭고 개혁적인 젊은 선비들(사림파)이 기득권에 안주하는 관료들(훈구파)의 거센 역풍을 받고 아주 크게 꺾이게 되었다. 수백 명의 젊은 선비가 사약을 받거나 귀양을 갔다.

이때 피해를 입은 정암 조광조 선생을 비롯한 젊은 선비들을 훗날 기묘명현己卯名賢이라 일컬으며 존숭한다. 공교롭게도 역사문화살롱을 사실상 이끌고 있는 홍덕화 선생의 먼 조상되는 묵재 홍언필默齋 洪彦弼(1476~1549년)이란 젊은 학자 관리는 당시 영의정인 문익공 정광필文翼公 鄭光弼(1462~1538년)이란 훌륭한 정치지도자의 도움으로 겨우 목숨을 건지고 귀양을 갔다. 홍언필의 가까운 친척(외사촌)이 피해자 대표 격인 정암 선생이었기 때문이다.

살아남은 개혁적 선비들과 이들의 후손들은 기득권 세력으로부터 그 후 몇 차례 반복해 탄압받았다. 일례로 권신 김안로金安老(1481~1537년)가 세력을 펼치던 1535년을 전후하여 조정에서 쫓겨나게 되었다. 훗날 부자 영의정父子 領議政을 지내면서 이름을 떨친 홍언필은 파직되었고, 그 아들 인재 홍섬忍齋 洪暹(1504~1585년)은 홍양으로 귀양 갔다. 기묘명현을 도왔던 정광필마저 모함을 받아 김해로 유배를 갔다. 막 벼슬에 오른 퇴계는 그의 인품과 덕망을 보고 자기편으로 끌어들이려는 것을 거절했다 하여 한동안 벼슬길이 가로막히기도 했다. 이들은 1537년 김안로가 몰락한 후 다시 조정에 나갔다.

세월이 흘러 기묘사화가 발생한 지 꼭 50년 후인 1569년, 당시 최고의 성리학자가 되어 많은 사람의 존경을 받던 퇴계 선생은 함께 일하자는 어린 임금 선조의 애절한 만류에도 조정에서 물러나려 했다. 선생은 벼슬보다 더 소중한 소원인 이 세상에 착한 사람이 많아지기를 염원하며 고향에 돌아가 노후를 보내겠다고 간청하여 겨우 허락을 받았다. 그리고 곧바로 경복궁을 물러나 서울을 떠났다.

그날 퇴계의 마지막 귀향을 전송하며 아쉬워했던 최고위 관료

는 홍언필의 아들 홍섬이었다. 또한 퇴계가 첫날밤 잠을 잔 한강
변 동호(현 옥수동)에 위치한 정자는 정광필의 손자 임당 정유길
林塘 鄭惟吉(1515~1588년)의 몽뢰정夢賚亭이었다. 50년 전 그들의
훌륭한 조상들이 도움을 주고받던 아름다운 인연 그리고 30여 년
전 못된 권력자로부터 함께 핍박받았던 동병상련의 정이 이렇게
면면히 이어진 것이다.

홍섬은 평소 절친했던 퇴계가 물러나는 것이 무척 아쉬웠다.
그래서 한강가에서 두보의 시를 빌려 조정에서 같이 일할 수 없
는 안타까운 마음을 드러냈다.

넓은 물결 만리길에 날아가는 갈매기   白鷗波浩蕩
누가 저를 붙잡아 길들일 수 있을까   萬里誰能馴

퇴계 선생은 고향으로 향하는 발걸음을 멈출 수 없었다. 그렇
지만 절친의 깊은 속마음도 헤아려 두보의 같은 시 중에서 답시
를 찾아 소회를 읊었다.

그래도 종남산(남산)에 미련이 남아   尙憐終南山
위수(한강)가 떠나가며 머리를 돌리네   回首淸渭濱

고향으로 내려온 퇴계는 1년 9개월 동안 지내다 끝내 세상을
떠났다. 그사이에 두 분은 수없이 서신을 교환했고, 퇴계가 돌

아간 후 홍섭은 이별의 글(만사)을 보냈다.

레오나르도 다빈치가 살았던 시기에 조선 사회는 과학문명 사회였고, 당시 사림파란 양심 세력은 어려움 속에서 정의로운 길을 가며 대를 이어 인연을 맺었다는 사실을 알고 나서 참석한 이탈리아대사관 직원을 비롯한 내외국인 참석자들의 반응은 뜨거웠다.

그중에서도 퇴계 선생의 70 평생은 바른 길을 향한 여정이자 아름답고 품격 있는 인간관계의 연속이라 해도 과언이 아니다. 만년에 가까울수록 감동적인 일화도 많이 남겼다. 2019년 봄은 선생의 마지막 귀향 450주년이고, 2020년 섣달은 서세하신 지 450주년이다. 이러한 뜻깊은 날을 계기로 이 시대의 많은 분들이 선생의 인간다운 삶을 배우고 본받을 수 있도록 해야겠다는 생각이 간절하다.

큰 스승 퇴계 선생을 기리며

2020년은 퇴계 이황 선생이 세상을 떠난 지 450년이 되는 해이
다. 이 뜻깊은 해를 맞이하여 "역사는 과거와 현재의 끊임없는
대화"라고 영국 역사학자 카E. H. Carr (1892~1982년)가 설파했듯
이 현재를 살아가는 사람들을 위해 의미 있는 기회를 마련했다.

11월 중 두 차례 행사가 개최되었다. 16~17일 서울고궁박물
관에서 국제퇴계학회 주최로 "현대인의 삶, 퇴계에게 묻다"라는
시대적 주제를 다뤘다. 27~28일엔 안동시민회관에서 한국국학
진흥원과 도산서원에서 "군자유종君子有終 세상의 빛이 되다"라는
주제로 퇴계 만년의 삶을 집중 조명하는 추모행사를 개최했다.

몇 해 전 한 조사에서 97% 이상이 '퇴계를 안다'고 답했을 정
도로 퇴계를 모르는 한국인은 거의 없다. 대부분 천 원권 지폐에
등장하는 조선시대의 대학자 정도로 알고 이렇게 답변했을 것이
다. 과거 인물 퇴계가 450년 시차를 뛰어넘어 오늘날을 살아가

는 일반인의 삶과 긴밀하게 연결되거나 깊이 이해되지 않는 것도 사실이다.

이런 상황에서 사람들에게 퇴계의 학문 사상을 제시하기보다는 누구나 겪는 일상의 삶을 스토리텔링으로 전한다면 이야기는 달라질 것이다. 다행스럽게 퇴계의 일상은 다른 곳에서 듣기 어려운 매우 흥미 있고 교훈적인 내용으로 가득하다.

안동 추모행사는 퇴계 만년의 삶을 공유함으로써 일반인이 퇴계에게 가까이 다가가 느끼고 배우는 계기로 삼았다. 그러한 구상은 필자의 실제 체험이 그 토대가 되었다. 안동이 고향도 아니고 퇴계 선생과 특별한 인연도 없으며 연구하는 학자도 아닌 필자는 처음에 안동 도산에 내려가 선생에 관해 들었을 때 충격을 받았다. 그리고 부끄러움을 느꼈다. 선생이 집안 여인을 보듬으며 제자들의 의견을 한껏 경청한 모습이 필자와 너무 달랐기 때문이다.

가족과 친구들에게 퇴계의 이야기를 들려주었더니 필자와 같은 느낌을 이야기했다. 도산서원선비문화수련원을 찾은 수련생들 역시 같은 반응이었고, 한결같이 퇴계를 존경하게 되었다며 이제부터라도 그분을 따라 실천하겠다는 각오를 피력했다. 이런 변화를 바라보니 차츰 보람을 느끼게 되어, 어느덧 도산에서 15년째 머물게 되었다. 이런 점에서 서세 450주년 행사는 더 많은 사람들이 성찰하고 변화할 수 있는 절호의 기회였다고 생각한다.

2012년 4월 도산서원선비문화수련원에 건립된 퇴계이황선생상.
ⓒ 도산서원선비문화수련원

퇴계 선생은 조선 최고 학자이자 인간사랑을 실천한 참선비이다. 집안 여인, 제자, 하인과 같은 사회적 약자까지 보듬고 배려했다. 이런 향기 나는 삶이 당대는 물론 시공을 초월하여 많은 사람에게 감동을 선사하고 존경을 받았다.

퇴계의 삶은 크게 세 가지로 특징지을 수 있다. 첫째, 끊임없이 공부하고 아는 것을 반드시 실천하려 했다. 7남매 중 막내아들로 태어나 홀어머니 밑에서 어려서부터 열심히 공부하여 최고 학자가 되었고, 공부하여 알게 된 것을 반드시 실천하려 했다.

둘째, 지위가 높아질수록 더욱 인간을 존중하고 바른 행실을 실천했다. 흔히 사람은 높아지면 남들을 얕잡아 보고 특혜를 누리려 한다. 그러나 퇴계는 갈수록 더 자신을 낮추고 타인을 보듬고 존중했다. 정신이 온전치 못한 재취부인의 처지를 헤아리며 배려했고, 며느리의 입장을 자상하게 헤아려 주었다. 며느리가 옷가지를 지어 보내면 칭찬과 함께 반드시 답례하는 시아버지였다. 나이 어린 제자와 후학들의 의견도 귀 기울여 듣고 존중했다.

셋째, 드높은 사명감이다. 퇴계는 벼슬보다 더 소중한 가치를 추구했다. 그것은 '이 세상에 착한 사람이 많아지는 것'이었고, 그것이 후세에까지 이어지기를 소망했다. 결코 이루기 쉬운 과업이 아니었다. 퇴계가 벼슬에서 물러나 고향 도산에서 조용히 학문연구와 저술, 후학양성에 힘을 쏟은 것은 그러한 염원 때문이었다.

퇴계의 이런 삶은 심신이 쇠잔해진 생의 끝까지 지속되었다. 1569년 3월에 69세 노인 퇴계는 임금께 간청해 사직은 불허된 채로 귀향만 허락받고 돌아왔다. 그리고는 조정에 머무는 것보다 더 하고 싶었던 학문연마와 강학에 힘을 기울였다. 더불어 제자와 후학들에게 편지를 쓰고 시를 짓고 편액 글씨를 써 보내면서 학문적 진리와 사람의 도리를 일러 주며 평생에 걸쳐 이룬 것을 세상에 돌려주었다. 마지막 순간까지 1년 9개월간 그런 태도는 조금도 변함이 없었다.

먼저 편지를 살펴보자. 퇴계는 평생 3,000여 통의 편지로 상대와 진솔하게 소통했다. 특히 만년에 보낸 편지는 분량도 풍부하려니와 인간존중과 진리탐구를 위해 최선을 다하는 내용이 듬뿍 담겨 있다. 증손자에게 젖을 먹일 여종을 보내 달라는 손자의 편지에 대하여 여종의 갓난애가 죽을 수 있다면서 보내지 않았다. 대를 이어갈 맏증손자의 생명이 소중하긴 하지만, 어떤 인간의 목숨도 남을 위해 희생시킬 수 없다는 것이었다. 그의 확고한 생명존중, 인간사랑의 가르침에 옷깃을 여미지 않을 수 없다.

또한 부부간 금슬이 좋지 않던 만년의 제자 이함형李咸亨(1550~1577년)에게 말로 타일러도 될 텐데도 간곡히 충고하기 위해 49살이나 어린 제자가 순천 집으로 귀가할 때 편지를 써 들려 보냈다. 극적 효과를 얻도록 집 대문에 들어가기 직전에 개봉해 읽도록 당부도 했다. 퇴계 자신의 힘들었던 결혼생활까지 털어놓으며 한 제자의 가정사까지 세심하게 챙겨 주는 노스승의 마음 씀씀이에 탄복하지 않을 제자가 어디 있겠는가. 그 덕에 금슬 좋은 사이가 된 제자 내외는 몇 달 후 퇴계의 부음을 듣고 3년 동안 심상心喪을 하며 기렸다.

당대 최고 학자가 말년에 자신의 학설을 수정하기란 결코 쉽지 않겠지만, 퇴계는 세상을 떠나기 두 달 전에 격물格物과 이도理到에 대한 고봉 기대승의 견해를 수용했다. 이 편지는 퇴계 부고와 함께 고봉에게 전해졌다. 이를 받은 고봉은 존경심과 애통함을 담아 "사문斯文(퇴계)이 돌아가심을 통곡하며痛哭斯文喪"로 시작하는 마음의 글을 남겼다.

퇴계는 뛰어난 시인이기도 했다. 평생 2,500여 수의 시를 통해 하늘을 받들고 인간에 대한 무한한 사랑을 풀어낸 퇴계의 시작詩作은 만년에 이르러 더욱 두드러졌다. 제자들이 보낸 많은 시에 대해 존중과 배려의 마음을 담아 운韻에 맞추어 답시를 보냈다. 이 시들은 오늘을 사는 우리의 가슴에도 와닿기에, 퇴계를 물어오는 이들에게 이따금 들려주면 감동 어린 표정으로 고개를 끄덕이곤 한다.

제자 읍청정 김부의挹淸亭 金富儀(1525~1582년)에게 답한 12수 가운데 〈독서〉讀書라는 시를 읊으면 마치 선생이 옆에서 책 읽기의 중요성을 들려주는 듯하다.

책은 천고의 마음 전하니	書傳千古心
책 읽음 쉽지 않음 안다네	讀書知不易
책 속에서 성현 마주하니	卷中對聖賢
하신 말씀들 모두 나의 일이라네	所言皆吾事

　만년의 시에서 **빼놓을** 수 없는 것이 매화시다. 퇴계에게 매화는 단순히 하나의 식물이 아니라 어느 누구보다 진솔하게 마음을 주고받을 수 있는 옥설같이 맑고 참된 인격체였다. 퇴계의 깊은 내면을 이해하려면 매화시 가운데서도 매화와 주고받은 증답시贈答詩를 중심으로 공부하면 가장 좋을 듯하다. 이를테면 퇴계가 마지막 귀향하기 전날 서울에 남겨 둘 수밖에 없었던 분매盆梅와 주고받은 시와 이듬해 제자가 그 분매를 도산으로 보내왔을 때 반가워하며 여러 해 함께 지내자며 남긴 시, 그리고 그해 겨울 세상을 떠나는 날 바로 그 분매에 물을 주라고 한 마지막 언급 등을 짚어 보면 그에게 매화는 분신처럼 가깝고 소중한 존재였다.

　세상을 떠날 날이 머지않았다고 생각한 퇴계는 다가오는 많은 사람들에게 자신이 나눌 수 있는 것을 아낌없이 주고 떠나갔다. 그러면서도 마지막까지 겸허함을 잃지 않았다. 운명하기 며칠 전 제자들에게 스승 퇴계는 "평소 그릇된 견해를 가지고 제군들과 종일토록 강론한 것 또한 쉬운 일은 아니었다네"平時以謬見 與諸君終日講論 是亦不易事也라며 조용히 이별을 고했다.

남은 사람들의 마음은 어떠했을까. 이런 분과의 영원한 이별을 어떻게 받아들인단 말인가. 다시 같이 일하고 싶던 선조 임금의 두터운 조문과 증직 하사는 예견된 수순이었다. 경향 각지의 지인과 후학 제자들이 보낸 만사와 제문들은 지금도 눈물 없이 읽기 힘들다.

이렇게 이별할 수 없다고 생각한 제자와 후학들은 3년상이 끝나자마자 선생을 영원히 가까이 모시려고 서원을 건립하고 스승의 정신을 계승했다. 예안의 제자들은 선생이 가르치시던 도산서당 뒤에 서원을 건립하고 나라에서 사액을 받았다. 거의 동시에 안동의 제자들은 여강서원(현 호계서원)을 건립해 모셨다. 영주의 제자들은 생전에 선생이 서원 원규와 기문을 지어 힘을 실어 준 이산서원 사당에 선생 위패를 모시고 뜻을 기렸다. 이렇게 선생을 모신 서원은 34개소나 된다. 조정에서는 행장이 없는데도 문순공文純公 시호를 내리고 종묘와 문묘에 위패를 모시며 온갖 영예를 주었다.

퇴계 선생은 조선 말기까지 당색과 학파를 초월하여 존경받은 완인完人이었다. 국권침탈기에는 퇴계 학맥에서 의병장과 독립운동가가 유독 많이 배출되었다. 오늘날에 이르러서도 선생의 학문을 연구하고 도산서원을 비롯한 유적지를 방문하며 뜻을 기리는 국내외 많은 사람들의 발길이 이어지고 있다. 왜 그럴까? 그 옛날 선생의 정신과 가르침은 어느 시대를 막론하고 필요하다는 인식 때문이리라.

도산서원 전경.
조선시대 선조 7년(1574년)에 퇴계 선생의 학덕을 기리기 위해 창건했다.
이후 조선시대는 물론 일제강점기를 거쳐 오늘날까지 유림의 정신적 중추 구실을 해왔다.
ⓒ 도산서원선비문화수련원

이제 오늘의 우리가 지향할 바가 명확해졌다. 예전에 비해 수명이 훨씬 길어진 장수 시대를 맞아 현대인이 오래오래 더 건강하게 사는 데 관심을 기울이는 것은 당연하다. 그러나 단지 건강하게 오래 사는 것보다 내가 행복하고 남을 행복하게 하는 것이 더 가치 있는 삶의 추구가 아닐까. 퇴계의 삶에서 알 수 있듯 살아생전의 가치 있는 삶은 사후에도 그 아름다운 향기가 남아 후대 사람들에게 느껴지고 오래오래 존경받기 마련이다. 육신이 이 세상에서 사라진다고 모두 끝나는 것이 결코 아니다. 그러니 이제라도 가치 있는 삶을 찾아 실천해야 하지 않겠는가.

그 하나의 방안으로 생의 마지막까지 자신을 성찰하고 공부하며 남을 배려하고 존중하며 착한 사람이 많아지길 염원하면서 지행병진으로 살아간 퇴계의 삶을 되짚어 보아야 할 것이다. 이러한 점에서 퇴계 선생 서세 450주년은 단순한 시간의 한 마디가 아니라, 선생의 삶을 배우고 실천함으로써 우리의 삶을 고양시키는 계기라고 생각한다.

퇴계는 21세기에도 훌륭한 롤 모델

퇴계 선생은 조선 성리학을 집대성했고 수많은 후학을 길러냈으며 고매한 인격을 완성한 큰선비이다. 오늘날에도 미국과 유럽 등에서 많은 학자가 그를 연구하고 있으며, 유네스코에서는 그가 기틀을 닦은 우리나라 서원을 세계유산으로 등재하기도 했다.

  여기서는 이처럼 21세기에도 위대한 스승으로 인정받는 퇴계의 가르침을 돌아보며 우리가 앞으로 나아갈 길을 모색해 본다.

퇴계 선생의 가르침을 알리는 데 앞장서는 '퇴계 전도사'로 유명하신데요, 어떤 계기로 그렇게 되셨나요?

많은 사람이 퇴계 선생을 조선시대 최고의 유학자로만 알고 있지만, 제게 큰 감동을 준 것은 15년 전 내려와 알게 된 일상적 삶 속의 퇴계입니다. 선생은 누구나 존경하는 대학자였고 네 분에 걸친 조선 왕들이 그에게 벼슬을 주면서 함께하고 싶어 애썼죠. 요즘으로 치면 '갑 중의 갑'이에요. 하지만 그는 신분이나 남녀를 구별하지 않고 상대를 배려하고 존중했습니다. 나이 어린 제자들과 동등한 입장에서 교유했을 뿐만 아니라 정신이 온전치 못한 아내를 감싸고 여종 자식의 생명까지 지키려고 노력했습니다. 이러한 인간적인 모습에 크게 감동했지요. 그리고 이런 존경스러운 삶이 500여 년 전 퇴계 선생에만 머물지 않고 오늘날까지 이어지길 바라는 마음에서 다양한 노력을 하게 되었습니다.

말씀하신 대로 퇴계 선생은 모든 사람을 존중하고 아낀 것으로 유명한데요, 그런 태도에 어떤 철학적 기반이 있나요?

퇴계 선생은 이기이원론理氣二元論을 주장했습니다. 이理는 형이상학적인 것을, 기氣는 형이하학적인 것을 가리키지요. 쉽게 말해, 사람마다 생김새가 다르고 키가 다르듯 기는 사람마다 다른데, 그렇다고 사람을 차별해서는 안 된다는 것입니다. 선생은 사람은 누구나 형이상학적 이를 갖춘 소중한 존재이고 하늘로부터 고귀한 품성을 받은 존재라고 봤습니다. 그래서 이를 강조하며 상대를 존중하는 태도가 나왔던 것이지요.

세계가 인정한 '만인의 스승' 퇴계 선생의 가장 핵심적인 가르침은 무엇인가요?

한마디로 경敬이라고 할 수 있습니다. 이는 자신을 낮추고 다른 사람을 존중하라는 의미입니다. 퇴계 선생은 평생 경에 바탕을 둔 학문을 가르치고 몸소 실천했습니다. 특히 26세나 어린 고봉 기대승과 8년간 사단칠정을 논한 것은 후배에게 겸손하고 배울 것은 배우는 진정한 학자로서의 풍모를 보여 준 좋은 예이지요. 선생은 후배, 제자뿐만 아니라 하인도 배려하고 존중했습니다. 그의 여러 일화에서 확인할 수 있지요.

인간소외 현상이 만연한 오늘날 퇴계 선생의 인간존중 사상은 더욱 빛나는데요, 어떻게 이를 실천하셨는지 소개해 주시지요.

퇴계 선생은 훌륭한 인간존중 사상을 가지고 스스로 실천하신 분입니다. 우선 사람을 신분에 따라 차별하지 않고 깨우치려 했습니다.

선생의 여성존중 사상도 주목할 만합니다. 할머니와 어머니를 효성을 다해 섬기고 아내를 지극히 아꼈을 뿐만 아니라 맏며느리 처지를 얼마나 보살폈는지 시아버지 묘소 밑에 묻어 달라고 훗날 유언까지 하였지요.

오늘날 우리 사회에서는 지도층의 안하무인 태도와 갑질 논란이 끊이지 않는데요, 퇴계 선생이라면 이들에게 어떤 조언을 하셨을까요?

퇴계 선생은 '섬김의 리더십'을 말하셨을 것입니다. 선생은 평생 이를 지향하고 실천하셨던 분입니다. 여성과 어린아이, 하인 등 사회적 약자에게도 항상 자신을 낮추고 공경하는 태도를 보이셨지요. 선생이 오늘날까지 존경받는 것은 높은 학문적 위상보다 일상생활에서 몸소 실천했던 겸손과 배려, 희생정신에 힘입은 바가 큽니다. 구성원을 존중하고 구성원으로부터 존경받는 섬김의 리더십이 그만큼 생명력이 오래가는 것이지요.

퇴계 선생의 업적 중 하나가 우리나라 서원의 기틀을 마련한 것인데요, 왜 그토록 서원 창설에 열정적이었나요?

퇴계 선생은 조선 현실에 맞는 성리학을 발전시키려고 노력했고, 군주 한 사람으로는 개혁과 통치가 불가능하다고 생각했습니다. 개혁과 통치는 군주에게만 의존해서는 안 되고 정치 주체로서 솔선수범하는 사림을 양성해야 한다는 것이었죠.

서원은 이러한 사림을 키우기 위해 세운 것입니다. 당시 성균관, 향교

등의 관학이 있었지만 도시의 출세지향적인 학교였습니다. 조용한 전원에서 인격수양과 학문탐구에 매진할 수 있는 사립학교가 필요했습니다. 그래서 퇴계 선생은 조선 명종 때 건립한 21개 서원 중 10개 서원 창설에 제자들과 함께 참여하며 참된 교육시스템으로 자리 잡게 했습니다.

퇴계 선생을 모시는 도산서원은 여느 서원과 다른 특별함이 있다고 들었습니다. 어떤 점에서 그런가요?

도산서원은 여느 서원과 큰 차이가 있습니다. 일반적으로 서원은 강학의 공간과 돌아가신 학자의 위패를 모신 사당으로 구성되어 있지요. 하지만 도산서원은 강학 공간과 사당 외에 퇴계 선생이 직접 설계한 도산서당이 맨 앞에 있습니다. 이 서당에서 퇴계 선생은 10년간 공부하고 제자를 길렀습니다.

도산서당은 설계부터 선생의 탁월한 안목이 느껴집니다. 평생 검소와 배려를 실천했던 흔적이 세 칸 반 크기 서당에 그대로 배어 있지요. 또 깨끗한 벗이 있는 연못 '정우당'淨友塘, 절개를 지키는 친구들이 있는 화단 '절우사'節友社 등을 만들어 식물을 통해 깨우치는 삶을 살려 했던 모습도 확인할 수 있습니다.

세상의
마땅한 이치

4

역사를 바라보는 눈

대선 정국에서 국가 리더십에 관심이 높아지면서 역사적 인물을 재조명하는 일이 잦다. 한 TV 채널에서 태종 이방원太宗 李芳遠을 소환한 것이 좋은 예다. 어떤 역사학자는 사석에서 드라마를 보고 역사 공부를 하면 안 된다고 했다. 그러나 현실에서 드라마 작가나 식자층, 지도층의 역사인식은 일반인에게 큰 영향을 미친다. 그러므로 전달하는 사람이나 전달받는 사람 모두 역사와 인물에 평소 밝은 안목을 갖는 것이 필요하다.

먼저, 전체를 보고 판단해야지 부분만 보아서는 안 된다. 역사는 시간이라는 무대 위에서 여러 요소가 관계를 맺으며 전개되는 과정이다. 이를 무시하고 자기에게 필요한 부분만 인용하면 역사 오용이다. 다음으로, 역사에서 장점을 찾아 배워야지 작은 단점만 찾아 비판하는 것도 금물이다. 특히 오래 검증된 역사적 위인은 더욱 신중해야 한다. 드라마 〈태종 이방원〉에

포은 정몽주 초상화.
포은은 5부학당과 향교를 세워 후학을 양성하고
고려 왕조에 충절을 지켰던 선비이다.

등장한 포은 정몽주圃隱 鄭夢周 선생(1337~1392년)에 대한 평가가
대표적이다.

　포은은 고려에는 충신이나 조선 건국에는 걸림돌이 되어 이방
원이 보낸 자객에 의해 암살되었고, 3개월 뒤 조선이 건국되었
다. 그런데 불과 10년 후 태종은 그를 만고의 충신으로 높이며,
명예와 관작을 회복시키고 자손도 등용했다. 100여 년이 지난
중종 때에는 우리나라에 성리학을 뿌리내린 분으로 떠받들어지
며, 공자가 모셔진 문묘에 조선 최초로 모셔졌다. 고려 충신인

포은이 조선에서 최고 학자이자 충절의 롤 모델로 우뚝 선 것이다. 1517년, 퇴계 선생 17세 때다.

50년 세월이 흘러 만년의 퇴계에게 한 제자가 "앞 왕조(고려)에서 왕 씨의 후계를 세운 사람이 신 씨(우왕과 창왕)였는데, 포은 선생은 그대로 받들면서 물러나지 않았으니 뒤에 공이 있었다 할지라도 어찌 속죄받을 수 있습니까?"라고 물었다. 그러자 퇴계는 "그렇지 않네. 이어지게 한 사람은 신 씨이지만 왕 씨의 종사가 아직 망하지 않았으므로 포은께서 섬긴 것이네"라고 답했다. 포은이 나라에 바친 충성심과 성리학 발전에 기여한 공로를 높이고 배워야지, 고려 말 우왕과 창왕을 섬긴 그의 처신을 문제 삼아서는 안 된다고 판단한 것이다.

퇴계의 이런 생각은 다시 100여 년 지나 우암 송시열尤庵 宋時烈(1607~1689년) 선생에게 계승된다. 우암은 포은 묘소 앞 신도비문에 "퇴계 선생의 말씀은 참으로 옳다"고 남겼다. 퇴계와 우암으로부터 역사를 보는 안목과 위인의 장점을 배우려는 지혜를 볼 수 있다.

역사적 안목은 사명감 그리고 실천력과 직결된다. 당시 조선 통치이념은 인간의 착한 본성과 올바른 이치를 지향하는 성리학이었지만, 현실에서는 골육상쟁의 왕위 쟁탈과 선비들이 죽거나 쫓겨나는 사화가 이어졌다. 어찌해야 좋단 말인가? 퇴계는 이에 대해 '임금 한 사람만 성군이 되도록 하기보다 근본적으로 백성이 깨어나야 한다. 그러려면 솔선수범하며 이끌어 갈 엘리트 선비를 육성해야 한다. 이런 선비를 길러내려면 민간이 주체가 되어 앞서간 훌륭한 선현을 모시고 공부하는 서원을 설립해야 한다'고 확신했다. 그래서 성리학을 도입한 안향 선생을 모신 백운동서원을 1550년 최초의 사액서원으로 격상시키는 일에 앞장섰다. 오늘날의 소수서원이다.

이어서 퇴계는 포은을 모시는 서원을 세워야 한다고 판단하고 선생이 자란 외가가 있는 영천의 제자들에게 권했다. 이에 김응생, 노수, 정윤량 등 퇴계 제자들은 1553년 서원을 창설하고 이듬해 두 번째로 사액을 받았다. 바로 임고서원臨皋書院이다.

퇴계는 서원에서 긴요한 책을 구하러 온 제자에게 임금이 하사한 책 《내사성리군서》內賜性理群書를 건넸다. "아니 임금이 내려준 책을 남에게 주다니"라는 사람에게 "서원에 보내면 성현과 후학을 위하는 것인데 어찌 남이라 할 수 있는가"라며 관철했다. 책은 혼자 읽는 것보다 많은 학자들이 읽고 실천하면 더 이롭다고 여겼기 때문이다.

역사와 위대한 인물을 공부하는 가장 큰 이유는 그들의 진지한 사유와 치열한 행동을 통해 과거에서 교훈을 얻고 미래를 현명하게 설계하는 안목을 키우고 실천하는 것이다. 역사인물에 대한 호출이 잦아진 오늘날 모두 잊지 말아야 할 대목이다.

정의 주장보다 중요한 것

반목과 갈등은 인류역사 이래 언제나 있었다. 그러나 요즘처럼 온 나라가 두 편으로 나뉘어 사생결단하듯 대립하는 것은 일찍이 본 적이 없다. 이로 인한 피해는 불 보듯 뻔하다. 개인은 성정이 점점 날카로워지고 경제도 뒷걸음하며 밀려날 것이다. 구성원 간 신뢰도 저하되어 지속적 사회발전이 어려워지고 국가공동체가 큰 위기를 맞을 것이다. 그러므로 지혜와 힘을 모아 어떻게 해서라도 시급히 해소해야 할 과제이다.

먼저 갈등이 심해지는 근본 원인을 알아야 한다. 그것은 무엇보다 '자기는 옳고義, 상대는 그르다不義'고 확신하는 데 있다. 그 결과 조정과 타협의 여지는 전혀 보이지 않고 극한 대립으로 치닫는다. 구한말 외세 침략 앞에서도 사대파와 개화파, 친청·친러·친일파로 나뉘어 죽기 살기로 대립하다 치욕스런 망국을 겪었다. 그때를 비판하면서, 마찬가지로 나라가 안팎으로 매우 어려운 시기에 정작 우리 세대가 같은 잘못을 되풀이해서야 되겠는가.

편을 나누어 나는 옳고 상대는 그르다고 하는 이런 편견과 아집은 왜 생기는 것일까? 인생 교과서라 할 수 있는 선현들의 가르침을 겸허한 마음으로 들어 보자.

첫째, 자신이 모르고 부족한 것이 얼마나 많은지 인식하지 못하기 때문이다. 퇴계 선생은 "세상의 옳은 이치는 한없이 많은데 어찌 자기는 옳고 남은 그르다고 할 수 있는가?"天下之義理無窮 豈可是己而非人라고 했다. 세상만사 그 많은 이치와 진리는 어느 한 사람이 다 알 수 없다. 내가 모르는 것을 상대가 얼마든지 알 수 있다. 은행원은 병원에 가면 의사의 이야기를 경청해야 하고, 의사는 은행에 가면 은행원의 말에 귀를 기울여야 한다. 이는 여야, 노사, 진보·보수를 막론하고 서로 입장을 달리하는 사이에 어디나 적용해야 하는 만고의 이치이다.

둘째, 자신의 잘못에 부끄러움을 전혀 느끼지 못하기 때문이다. 인의예지仁義禮智 가운데 '옳음'과 관련된 덕목은 '의'義이다. 먼저 자신의 잘못을 부끄러워하고 남의 잘못을 미워하는 수오지심羞惡之心에서 출발한다고 맹자는 말했다. 그런데 요즘의 반목과 갈등은 자기 잘못은 깨닫지 못하거나 알더라도 인정하지 않고 남의 잘못만 비난하고 잘한 것이 있어도 인정하지 않기 때문에 발생하는 경우가 많다. 누구나 처음부터 잘 알고 잘할 수는 없다. 따라서 자신의 잘못과 부족함을 인정하며 부끄러워하는 것은 매우 바람직한 행위이다. 공자께서도 "군자는 잘못되었을 때 자신에게서 원인을 찾고, 소인은 남의 탓으로 돌린다"君子求諸己 小人求諸人고 하지 않았던가. 그러면 자신도 더 발전하고 다른 사람들로부터 존경도 받을 것이니 일거양득이다.

셋째, 자신이 옳다고 주장하기에 앞서 반드시 갖추어야 할 겸손과 공경의 마음이 없기 때문이다. 동양의 고전 《주역》周易의 〈곤괘 문언전〉坤卦 文言傳에 "군자는 경으로 안을 곧게 하고, 의로 바깥을 방정하게 한다"敬以直內 義以方外는 말이 있다. 밖으로 올바름의 의義를 내세우려면 먼저 자신을 스스로 낮추고 상대를 공경하는 마음인 경敬을 갖춰야 한다는 뜻이다. 퇴계와 남명, 율곡처럼 오늘날까지 존경받는 참선비들이 철저히 따랐던 삶의 준칙이었다.

요컨대 자신이 옳다고 정의를 주장하려면 그에 앞서 반드시 살필 것이 있다. 먼저, 자신도 모르고 부족한 것이 있고 상대가 더 알 수 있다고 생각해야 한다. 다음으로, 남의 잘못을 미워하기에 앞서 나의 잘못을 부끄러워하는 마음을 가져야 한다. 끝으로, 내가 옳다는 주장을 하더라도 겸손하게 상대를 배려하는 마음으로 해야 한다. 그래야 훨씬 설득력을 얻어 합의를 이끌어낼 수 있다.

'꿩 잡는 것이 매'라고 했다. 전부를 얻으려고 극하게 대립하기보다 공동체 구성원 간에 서로 이해하고 주고받는 지혜를 발휘함으로써 상생과 공존의 세상을 만들어 가야 할 것이다.

갈등의 실마리를 푸는 방법

우리 사회의 개개인 사이나 집단 간 반목과 갈등이 날로 심해지고 있어 큰일이다. 이러다가 개인은 스트레스가 쌓여 건강과 행복을 해치고 공동체는 끝내 쇠락하고 말 것이다. 그동안 골이 깊어진 이념·빈부·지역갈등에 더하여 이제 누구나 쉽게 휘말릴 수 있는 세대와 성별갈등까지 불거져 매우 우려된다.

상황의 심각성을 인식하고 해소에 앞장서야 할 정치권은 평범한 사람들보다 더 상대를 중상 비방하고 심지어 '이대남', '이대녀'를 들먹이며 세대갈등과 성별갈등까지 부추긴다. 선거 전략으로 이용하면 안 되는 사안인데도 말이다. 특히 세대나 성별이 다른 정치인 사이의 공방은 분명 삼가야 할 선이 있으니 더 조심해야 한다.

정치는 모름지기 국력을 결집하고 국민화합을 이끌어 국가발전과 국민의 삶의 질 향상에 이바지해야 한다. 비전과 정책은 이를 위해 있는 것이다. 특히 본 선거에 앞서 동지 사이에 치르는 당내 후보 경선이나 당직 선출에서는 서로 더욱 존중하여야 한다. 지도층의 언행은 국민에게 지대한 영향을 끼치니 정말 신중하지 않으면 안 된다.

요즘과 달리 전통시대 우리나라에서는 세대갈등과 남녀갈등이 그다지 표면화되지 않았다. 혹자는 장유유서長幼有序와 남존여비男尊女卑라는 상투어를 내세우며 어른이 젊은이를 누르고 남성이 여성을 억압해 온 역사라고 할지 모르겠다. 그러나 필자의 견해는 다르다. 탁월한 인격을 갖춘 지도자들이 보여 준 인간사랑 정신이 최상층부에서 사회를 이끌었다. 이것이 남녀노소 백성에게까지 영향을 미쳐 상대적으로 사회갈등은 적었다.

조선 성리학의 최고봉으로서 존경받는 퇴계 이황 선생이 평생 실천한 존중과 배려의 삶을 예로 들어 보자. 퇴계는 젊은 시절 열심히 공부하여 학문적 성취를 이루어 가면서도 연장자들을 지극히 공경하여 어른들로부터 각별한 사랑을 받았다. 34세나 더 나이 많은 농암 이현보聾巖 李賢輔(1467~1555년) 선생은 퇴계가 과거 급제했을 때 "지금 인망 있는 사람 중에 이 사람을 뛰어넘을 사람이 없으니 나라의 복이요, 우리 고을의 경사다"라며, 함께 급제한 자기 아들 못지않게 축하했다. 농암이 89세로 세상을 떠날 때까지 두 분은 나이를 잊은 망년지교忘年之交로 사귀며 강호의 즐거움을 나누었다. 농암과 비슷한 연배인 관포 어득강灌圃 魚得江

(1470~1550년) 도 과거급제 전의 젊은 퇴계를 천리 밖 남해안 사천 땅으로 초청하여 여러 날 시와 학문을 벗하였다.

이처럼 젊었을 때 어른들로부터 인격적 대우를 받은 퇴계는 나이가 들어서는 젊은 학자들을 한껏 존중하며 대했다. 26세나 어린 고봉 기대승이 당대 석학인 퇴계의 사단칠정 학설에 논변을 제기하자 숙고 끝에, "제가 전에 말한 것이 더욱 잘못되었음을 알게 되었습니다. 견문이 좁은 제가 박학한 그대에게서 도움 받음이 많았습니다"라며 먼저 편지를 보낸 것이 대표적이다. 이 글을 읽은 고봉의 마음은 어떠했을까? 8년 논변을 거치면서 두 분은 학문도 크게 발전했을 뿐 아니라, 누구보다 친밀하고 공경하는 사이가 되었다. 지금까지 두 집안은 일가친척 못지않게 가깝다.

35세 아래인 율곡 이이栗谷 李珥(1536~1584년) 선생이 23세 때 도산 고향집을 찾아오자 "높은 명성 아래 헛된 선비 없음을 알았으며, 몇 해 전 먼저 찾지 못했음이 못내 부끄러워라"라고 하면서 공손히 맞은 일은 또 어떠한가? 그해 겨울 율곡이 편지를 보내어 궁금한 것을 묻자, "저의 문제를 고칠 수 있는 방법에 대해서는 언급하지 않으시고 도리어 어리석은 저의 소견을 듣고자 하시는 까닭은 무엇입니까?"라며 조심스레 답장을 보냈다. 다른 제자들이 이야기할 때면 "병 걸린 사람이 약을 찾듯"發病求藥 경청했고, 아무리 어린 제자들이라도 "너라고 하지 않았다"고 한다.

퇴계의 여성존중 사례도 넘쳐난다. 할머니와 어머니의 무릎

교육을 받고 자란 그는 정신이 온전치 못한 부인의 실수를 언제나 감싸 주었다든지 홀로된 둘째며느리를 개가시켰다든지 어떤 페미니스트보다 큰 감동을 자아내는 일을 많이 했다.

큰 어른이 이렇게 살아가는데 존경하는 마음이 샘솟지 않을 수 있었겠는가? 이런 마음이 퍼져 나가 온누리에 등대처럼 비추었기에 우리 전통사회에서 세대갈등과 남녀갈등은 설 자리가 좁아졌던 것이다.

이제 우리도 퇴계를 등대 삼아 살아가자. 젊은 시절에는 열심히 노력하고 어른을 공경하며 그분들로부터 사랑과 지도를 받자. 나이가 들어서도 평생 공부하며 젊은이들을 존중하여 그들로부터 예우와 공경을 받자. 그리고 남녀 간에는 상대를 이해하고 먼저 도움을 건네자. 이것이야말로 갈등 없는 행복한 삶을 보장하고, 늘 평화로운 공동체를 담보해 주는 가장 확실한 길이다.

칭찬은 범죄예방 묘약

범죄가 일어나지 않도록 사전에 예방하는 것이 이미 발생한 범죄를 잘 다루는 것보다 사회적으로나 개인적으로나 명백하게 더 좋은 방법이다. 평소에 알맞게 영양을 섭취하고 운동과 휴식으로 예방 활동을 하는 것이 병에 걸린 뒤 병원을 찾아가는 것보다 더 현명한 건강법이듯 말이다.

범죄예방 활동은 이렇듯 범죄가 발생하지 않도록 사전에 예방하는 훌륭한 활동임에 틀림없다. 그러나 우리의 활동이 여기서 그쳐서야 되겠는가? 인생을 살다 보면, 법에 어긋나는 행위는 아니더라도 일반인의 상식이나 공평의 관념상 타당하지 않은 경우를 허다하게 본다. 이럴 때 법적 처벌 대상은 아니라고 그냥 넘겨 버려야 할까? 가령, 공직자가 금품을 받았을 경우 직무상 대가성이 있느냐 없느냐에 따라 범죄구성 여부가 판가름 나지만 일반 국민의 입장에서는 이 기준에 기꺼이 동의하기 어렵다.

코로나19가 폭발적으로 확산할 즈음 일부 확진자의 몰지각한 처신도 마찬가지다. 이들은 확진 판정을 받기 전까지 자신의 행적과 동선을 한참 동안 밝히지 않아 그사이 수많은 사람을 전염시켰다. 이 또한 법 위반이 아니라 처벌은 면하지만, 우리 사회 공동체에 끼친 피해는 엄청나다. 이렇게 보면, 바람직한 범죄예방 활동은 단순히 법에 저촉되는 행위를 사전에 방지하는 차원을 넘어 인간의 도리, 즉 도덕과 윤리를 벗어난 행위도 우리 사회에서 사라지도록 모든 역량을 결집하는 것이라고 해야 하지 않을까.

요즘 우리는 50, 60년 전에 비해 물질적으로 엄청나게 풍요로워졌고 그때보다 더 큰 자유를 누리면서 살아간다. 모두가 합심하여 이른바 산업화와 민주화라는 두 마리 토끼를 다 잡은 세계사에 유례없는 성공을 거둔 나라를 건설한 덕분이다. 그런데 그런 성취를 일구어낸 한국인 개개인의 삶은 점점 불행해지고, 우리 사회의 반목과 갈등은 날로 심해지고 있다. 왜 이렇게 되었을까?

이러한 문제의 근본 원인은 이 시대를 살아가는 한국인 개개인의 이기심과 물질만능 사조의 지나친 팽배에 있다고 할 수 있다. 상대방을 배려하지 않고 자기 입장만 내세우고, 경제적 이득만 좇고 올바른 가치관은 아랑곳하지 않는 세태가 지금 우리 사회와 한국인의 민낯이다. 가정에서 부모 형제 사이에 이 때문에 사이가 벌어지고 있다. 부모 형제 사이에도 이럴진대 타인과의 관계는 더 말할 나위가 없다. 이러한 세태를 바로잡아야 한다. 그래야 개인이 행복해지고 반목과 갈등이 줄어든 평화로운 나라가 된다.

그런데 이 과제는 법으로 해결할 수 없다. 법으로는 결코 다가갈 수 없는 '사람의 성품', 즉 '인성'의 영역이 더 큰 비중을 차지하기 때문이다. 몇 해 전(2015년 7월) 인성을 바르게 갖춘 국민을 길러내기 위해 세계에서 유례가 없는 〈인성교육진흥법〉까지 제정되었다. 그렇다면 이 법 시행 후 국민의 인성이 많이 함양되었는가? 유감스럽게도 아이들의 폭력행위는 더욱 난폭해지고 국민의 자살률과 반목, 갈등은 오히려 증가세를 보이고 있다.

사정이 이렇다 보니 과연 그런 법이 꼭 필요한가 하는 회의도 든다. 관련법이 없어도 우리보다 더 품격 있게 살아가는 선진국이나 인간의 도리를 중시하며 살아갔기에 동방예의지국으로 칭송받던 우리 전통사회를 떠올리면 법이 전부가 아니라는 생각이 들기 때문이다. 하지만 기왕에 법까지 시행되고 있으니 인성교육이 성공적으로 이루어지도록 이제부터라도 지혜를 모아야 할 것이다.

먼저 인성의 본질에 대해 올바르게 인식해야 한다. 인성은 스스로 내면을 바르게 간직하는 것, 다시 말해 남이 보든 보지 않든 언제나 간직해야 하는 인간다운 품성이다. 그래서 선비들은 '신기독'愼其獨, 즉 '스스로 홀로 있을 때 삼가는 것'과 '무자기'毋自欺, 즉 '자신을 속이지 아니하는 것'을 매우 중시했다. 퇴계 선생도 안동 도산을 방문하여 인생의 좌우명을 구하는 23세의 청년 율곡에게 "마음가짐에 있어서는 속이지 않는 것이 귀하다"持心貴在不欺라고 일러 주었다. 따라서 사회적으로 인성은 외부 사람의 평가라기보다 자기 내면을 간직하는 것이라는 가치관 조성이 무엇보다 선행되어야 한다.

다음으로 인성교육 방법을 고민해야 한다. 인성교육과 지식교육은 목적이 상이하므로 방법도 달라야 한다. 지식교육은 지식을 머리에 채우고 시험 보고 합격하면 된다. 말과 글을 통한 주입식 교육이 가능한 영역이다. 그러나 인성교육은 겸손과 공경을 바탕으로 다른 사람과 더불어 살아가는 지혜를 실천할 수 있도록 도와주는 교육이다. 따라서 이것을 실천하는 데는 머리가 별로 할 역할이 없다. 눈으로 익히고 가슴으로 느끼도록 하는 것이 중요하다. 바람직한 인성교육 방법은 올바르게 살아가는 모습을 보면서 본받고 감동하며 반복해서 익히도록 하는 것이다.

인성교육과 관련하여 가장 중요한 것은 아이가 닮고 싶어 하는 삶을 어른이 실천하며 보여 주는 것이다. 우리 사회에서 쉼 없이 터져 나오는 비리와 부조리는 대부분 기성세대의 잘못에서 비롯된 것들이다. 이런 일은 어른이 못 배우고 지식이 부족해서가 아니라 잘못 배워 인성이 그릇되어서 생기는 것이다. 많이 아는 것보다 제대로 알고 실천하는 것이 더 중요한 것이다.

'세 살 버릇 여든까지 간다'고 했다. 어릴 때 가정에서 제일 가까운 부모와 윗사람의 행동을 보며 익힌 습성을 지니고 평생 살아간다는 뜻이다. 옷깃을 여미게 하는 참으로 무거운 이야기이다. 지금 우리는 내 부모와 형제에게조차 이해타산적으로 대하지 않는가? 훗날 내 자녀도 이를 보고 배워 나를 그렇게 대하면 어떠할까? 자녀는 언제나 등 뒤에서 나의 행동을 보고 자란다. 그리고 뒷날 그대로 나에게 할 것이다.

그러므로 미래세대의 인성교육을 위해 나부터 부모 형제를 먼저 공경하고 배려하며 깨끗하고 품격 있는 일상을 유지하도록 노력해야 한다. 자녀에게 무엇을 물려줄 것인가? "그 자식을 알지 못하겠거든 그 아비를 보라"不知其子 視其父는 말이 있다. 아이의 됨됨이는 그 부모를 보면 알 수 있다는 의미이다. 공자의 언행을 그 자손들에게 전하는 《공자가어》孔子家語의 한 구절이다. 학교에서도 교사는 인성교육을 할 때 지도방법이나 기술을 익히기보다는 제자를 진정으로 사랑하는 향기를 품어야 한다. 이를 위해 교사는 자신의 인성에 대해 진지하게 성찰해야 함은 물론이다.

가정에서 부모, 학교에서 교사, 직장에서는 상사, 사회에서는 지도층 등, 우리 사회 구석구석의 어른들이 아이들과 아랫사람들에게 원하는 인성을 먼저 실천하며 보여 주어야 한다. 이제야말로 어른이 각자 자신의 삶을 되짚어 볼 때다. 이 모든 것은 넓게 보면 우리 사회 문제이지만 좁혀 보면 나 자신과 직결된 문제이다.

평생토록 아침에 일어나서 밤에 잠들 때까지 실천할 올바른 행동은 수도 없이 많다. 가족을 비롯하여 일상에서 상대하는 사람들만큼이나 그들에게 건네는 언행 또한 헤아릴 수 없다. 그러므로 한꺼번에 다 실천할 수는 없다. 그 가운데 일상의 기준이 될 만한 좌우명 하나만 추천하라면 필자는 '남의 허물은 덮어 주고 착한 것은 드러내자'는 '은악양선'隱惡揚善의 실천을 권장하고 싶다.

요즘 우리는 남을 칭찬하는 모습을 좀처럼 보기 어렵다. 반면 남 흉보는 것은 너나없이 습성화되는 느낌이다. 매스컴에 등장하는 지도층 인사들조차 상대를 칭찬하거나 존중하기보다 나쁜 점만 부각시켜 그르다고 몰아세운다. 자기와 자기네 편만 옳고 상대는 틀렸다고 한다. 그러니 반목과 갈등이 더욱 증폭될 수밖에 없다.

사람은 누구나 크든 작든 장점과 단점을 함께 가지고 있다. 위인도 단점이 없지 않고 악인도 찾아보면 어떤 장점이 있다. 단점은 덮어 주고 장점은 드러내 칭찬하자. 그러면 은악양선의 효과가 나타난다. 은악隱惡과 양선揚善 중에서 착한 것을 드러내는 양선부터 실천해 보자. 개개인의 선행을 자세히 살펴보고 찾아내 구체적으로 칭찬하는 것이다. 여기서 유념해야 할 것이 있다. 칭찬하면 좋아하겠지 하는 생각에 누구에게나 언제나 비슷하게 하거나 건성으로 하려면 차라리 하지 말아야 한다. 이것은 오히려 상대의 기분을 상하게 할 수 있다.

은악양선 실천본부 창립총회.
허물은 덮어 주고 착한 것은 드러내자는 은악양선 운동을 본격적으로 선언하는
은악양선 실천본부 창립총회가 2019년 4월에 열렸다. ⓒ도산서원선비문화수련원

칭찬은 육하원칙에 따라 분명히 하는 것이 좋다. 이를테면, "(누가) 김 대리가 (언제) 어제 점심시간에 (어디에서) 사무실 입구에서 (무엇을) 고객이 시급한 용무를 보러 뛰어오니 바로 처리해 주려고 (어떻게) 식사하러 나오다가 재빨리 사무실로 들어가더라. (왜) 그렇게 하는 것이 우리 회사 구성원으로서 마땅한 도리라고 행동한 것 같아요"라는 식으로 말이다.

이렇게 구체적으로 칭찬하면 여러 가지로 유익하다. 첫째, 여러 사람이 기분이 좋아지고 인간관계도 돈독해진다. 앞의 예로 말하면, 우선 칭찬을 들은 당사자인 김 대리가 기분 좋을 것이고, 김 대리가 기뻐하는 모습을 보니 칭찬하는 본인도 즐거워진다. 나아가 이 광경을 옆에서 지켜보는 회사 동료들도 흐뭇할 것이다.

둘째, 회사 일도 더 잘될 것이다. 김 대리는 더욱 열심히 일할 것이고, 동료들도 점차 그렇게 따라 할 것이다. 나아가 고객들로부터 나오는 좋은 평판은 틀림없이 사업 확장으로 이어질 것이다.

셋째, 개개인이 건강하게 오래 사는 비법이 될 것이다. 오늘날 우리는 예전보다 불편한 인간관계로 스트레스를 훨씬 더 많이 받으며 살아간다. 그런데 내가 상대의 장점을 칭찬한다면 다툼으로 인한 스트레스는 자연스럽게 사라질 것이다. 또 상대의 장점을 찾아 칭찬할 때 내 몸에는 행복 호르몬 세로토닌이 생성되어 가득하게 될 것이니, 이처럼 좋은 건강비법이 어디 있겠는가.

지도층이 진정으로 오래도록 지도력을 발휘하는 길은 주위로부터 존경받는 길이다. 존경을 받으려면 안팎에서 솔선수범의 실천을 하는 것이 제일이다. 그중에서도 가장 먼저 실천할 과제는 진정성 있게 구체적으로 칭찬을 생활화하는 것이다. 각자의 삶과 일에서 더 큰 성취와 보람을 누리기 위해서는 칭찬을 생활화하는 것이 바람직하다고 생각한다. 칭찬은 고래도 춤추게 한다고 하지 않는가?

공경의 무릎 꿇기

비에 젖은 아스팔트 위에서 무릎을 꿇고 우산을 받쳐 든 사진과 영상을 바라보는 국민의 기분은 몹시 언짢고 착잡했다. 2021년 8월 어느 부처 차관이 아프가니스탄 특별 입국자에 대하여 충북 진천 국가공무원인재개발원 야외에서 브리핑하는 동안 수행비서가 뒤에서 무릎을 꿇은 채 10분 이상 양손을 뻗어 차관이 비를 맞지 않게끔 우산을 받쳤다. 얼마나 바라보기 안쓰러운 장면인가?

해당 부처는 수행비서가 방송 카메라에 자기 모습이 잡히지 않게 하려다 자발적으로 생긴 일이라 해명했다. 정말 자발적으로 한 행동일까? 인간이라면 누구나 최소한의 자존심과 수치심이 있다. 결코 자발적으로 그랬을 리 없다. 문제는 부하직원이 자기 의사에 반해 무릎 꿇는 일을 대수롭지 않게 넘기는 윗사람들 생각과 그 조직의 문화이다. 여론의 비난이 쏟아지기 전까지 누구도 문제 자체를 인식하지 못한 듯했다. 그 불감증이 오죽하면 대통령과 총리의 주례회동에서 '과잉 의전'이라는 우려와 경고의 메시지가 나왔을까?

더구나 그날은 타국인 아프가니스탄 난민의 인권을 챙기는 자리였다. 그런 자리에서 가까운 동료직원의 인권조차 무시되었는데 일반 국민의 인권에 대한 의식은 어떻겠는가? 이러한 행위가 국가기관에서 재발하지 않도록 하려면 당사자들의 깊은 성찰과 현명한 자세 변화가 절실히 요청된다.

몇 해 전 우리 사회에서 우월한 위치의 사인私人이 사회적 약자에게 무릎 꿇기를 강요하는 사건이 잇달아 국민이 무척 공분했었다. 큰 항공회사 최고위층이 승객들이 보는 항공기 내에서 사무장과 승무원에게 모욕적 언사와 함께 무릎을 꿇렸던 일과 수도권의 한 대형백화점 주차장에서 모녀 고객이 주차안내원의 무릎을 꿇린 일이 대표적이다. 이 일에 대한 분노가 아직도 기억에 생생한데, 이번에는 이를 해결하는 데 앞장서야 할 국가기관에서 이와 같은 일이 벌어졌으니 실망과 분노가 더 클 수밖에 없다.

인간은 어려서부터 자아의식이 생긴다. 체벌하는 부모와 교사는 마음으로 받아들이고 따르려 하지 않는다. 따라서 무릎 꿇리는 일은 어린아이에게도 강요해서는 안 된다. 하물며 성인이야 두말해서 무엇 하겠는가? 상대에게 무릎 꿇기를 강요하는 것은 굴욕감을 주어 관계를 악화시키고 파탄으로 이끈다. 한시바

삐 반드시 바로잡아야 할 우리 사회의 부끄러운 민낯이다.

이와 정반대의 무릎 꿇기가 있다. 상대를 공경하는 마음에서 스스로 무릎을 꿇는 자세가 그것이다. 예전에 우리 선비들이 취한 일상적 자세가 이에 해당한다. 지금도 전통 명문가에서 인사를 나누거나 서원에서 유림이 행사할 때 이 자세를 취한다.

안동 도산에 자리한 퇴계 종택의 16대 노종손 이근필 옹은 91세 연세에도 일가친척 지인뿐 아니라 선비정신을 체험하러 온 어린 초등학생에게도 큰절로 맞이한 다음 꿇어앉는다. 그리고는 30분 넘게 대화를 나누는 시간 내내 자세를 고치지 않는다. 송구한 마음에 젊은 사람이 따라 하려 하면 평소 익숙한 자세가 아니라 다친다며 극구 만류한다. 자신은 어릴 때부터 몸에 배었고 지금은 야윈 허리가 굽지 않도록 하는 데 알맞은 자세라 하는 것이라 이야기한다. 수련생들은 종손의 무릎 꿇기가 자신들을 지극히 공경하는 마음의 표시라는 것을 금세 안다. 수련생에게 최고 인기 과정이 바로 종손과의 대화인 것도 이런 이유이다.

무릎 꿇기 자세는 《퇴계 선생 언행록》에도 보이니, 자기 낮춤의 자세는 적어도 그 시대까지 거슬러 올라가는 셈이다. 퇴계 사후 30여 년 뒤 일어난 임진왜란을 계기로 퇴계의 경敬 사상은 일본으로 전파되었다. 그 결과, 마치 조선 말 우리나라에 기독교와 함께 기도 자세가 들어왔듯이, 무릎 꿇기가 일본의 전통생활 자세로 자리 잡는 데 영향을 미쳤다. 이 자세로 손님을 맞이하는

퇴계 종택 전경(위).
퇴계 종손(이근필 옹)이 종택을 방문한 학생들 앞에서 무릎을 꿇고 앉아 있다(아래).
ⓒ 도산서원선비문화수련원

일본 업소 종사자들을 두고 극진한 접대 경험을 이야기하는 사람이 지금도 적지 않다.

그런데 정작 우리나라에서는 점점 찾아보기 어려워지고 오히려 무릎 꿇리기 강요가 늘어나고 있어 참으로 안타깝다. 상대에게 굴욕감을 주는 무릎 꿇리기의 나쁜 폐습을 하루빨리 끊어야 한다. 대신 상대를 공경하는 의미를 지닌 스스로 무릎 꿇는 자세를 점차 생활화하기를 제안한다. 무릎이 불편한 사람은 치료하고 난 후, 습관화되지 않은 사람은 몸에 무리가 없는 범위 내에서 조금씩 시간을 늘려 가면 된다. 그러면 몸을 바르게 하여 좋고 마음도 훈훈해지는 선한 문화가 형성될 것이다. 자연스럽게 상대방에게 무릎 꿇기를 강요하는 악습은 설 땅을 잃게 될 것이다.

유리천장 걷어낸 도산서원

도산서원이 한때 9개 TV 뉴스 채널의 카메라에 동시에 비춰지며 언론의 이목을 크게 끌었다. 2020년 10월 거행한 서원의 가을 제사인 추향秋享에서 국내 서원 역사상 처음으로 여성이 헌관獻官으로 참여한 것이다. 우리 사회 여성들의 활동영역은 과거에 비해 꾸준히 넓어지는 추세이지만 아직도 많은 유리천장이 엄존하는 것이 사실이다. 그런 가운데 맨 마지막 유리천장은 아마 서원이나 향교처럼 전통 고수 의지가 확고한 유림의 공간이 되리라 다들 예단했다. 그런데 오랫동안 금녀의 구역이라 여겨지던 그 공간에서 헌관, 그것도 첫 잔을 올리는 초헌관初獻官을 위시해 분헌관分獻官에 여성이 두 명이나 선임되었으니 충분히 이슈가 될 만했다.

도산서원은 그동안 시대의 흐름과 함께하기 위해 꾸준히 노력해 왔다. 먼저 수백 년간 여성에게 굳게 닫혔던 서원 사당 문을 활짝 열어 선생의 위패를 참배하는 알묘례謁廟禮에 참여케 하였다.

도산서원에서 남녀 고등학생들이 함께 알묘례에 참여하고 있다.
ⓒ 도산서원선비문화수련원

2002년 여름, 여성 참여가 서원 창설 이후 처음이라며 언론의 주목을 받았다. 당시 도산서원은 선비정신의 확산을 통해 도덕공동체 구현에 힘을 보태고자 부설기관으로 선비문화수련원을 막설립한 터였다. 이때 사당에서 "선생처럼 훌륭한 삶을 살겠다"고다짐하도록 이 의례를 커리큘럼에 담았던 것이다.

　그로부터 18년이 지나고 유네스코 세계유산 등재 1주년에 즈음한 2020년 6월부터는 그 취지를 확장하여 일반인도 원하면 남녀 불문하고 전통 복장을 갖추고 알묘례 의식을 행할 수 있도록했다. 예란 "현재와 합당해야 하고 과거에서 멀어져서는 안 된다"는 퇴계의 가르침에 어긋나지 않고 시대의 흐름에 틀리지 않다고판단했기 때문이다.

2020년 10월 도산서원 향사에서 이배용 이사장이
최초의 여성 초헌관으로서 첫 잔을 올리고 있다.

　그러던 차에 여성에 대한 문호 개방을 알묘례에 국한시켜서는
안 된다는 성찰이 근래 서원 운영위원장인 퇴계 종손을 비롯한
운영위원 사이에 싹텄다. 그 결과 술잔을 올리는 헌관도 남녀구
분을 없애고 합리적 선정기준을 마련하게 되었다. 도산서원의
발전과 퇴계학 현창, 나아가 한국 서원과 전통 정신문화 창달에
공적이 뛰어나고 앞으로도 활동이 기대되는 분 등이 그 기준이었
다. 이에 따라 2020년 남녀 각 두 분이 선정되었는데, 헌관 위차
는 유가 법도대로 맹자의 '향당막여치'鄕黨莫如齒를 원용하며 나이
순으로 정했다.

　이런 절차를 거쳐 초헌관으로 선정된 최초의 여성이 이화여대
총장을 지낸 이배용 '한국의 서원 통합보존관리단' 이사장(75세)

이다. 2019년 7월 도산서원 등 전국 9개 서원이 유네스코 세계 유산으로 등재되는 데 결정적인 역할을 한 분이다. 2010년 국가 브랜드위원장 재직 시절부터 무려 10년 동안 선비정신과 서원의 참가치를 세상에 알려 한국의 국가브랜드를 높여야 한다고 끊임 없이 역설한 끝에 이를 관철시켰던 것이다. 앞으로도 우리 전통 문화의 세계화에 한층 기여하리라 기대된다.

이어 아헌관에는 퇴계 선생의 직계후손이기도 한 이동선 전 서울여대 대학원장(74세)이 선임되었다. 선조에 누를 끼치지 않기 위해 늘 공부하며 조행과 처신에 수범을 보이는 분이다. 종헌관인 허권수 전 경상대 명예교수(70세) 또한 수많은 저술과 7만 권이 넘는 개인 장서 보유, 700명으로 구성된 연학研學 후원회에 이르기까지 이 시대 보배 같은 한문학자다. 지금도 진주에서 천릿길도 마다않고 오르내리며 퇴계 선생 관련 문적의 정리와 번역에 매진하는 고마운 분이다. 한편 제자 월천 조공月川 趙公(조목趙穆, 1524~1606년)에게 잔을 올리는 분헌관에도 여성이 선임되었다. 바로 퇴계 한시를 전공한 이정화 동양대 교수(56세)이다. 퇴계를 공부할수록 더욱더 존경하는 마음이 일어난다면서, 해마다 선생의 불천위 제사에 한복을 곱게 차려입고 참석하며 매번 적지 않은 성금을 내고 가시는 분이다.

이번 최초의 여성 헌관 선출은 그동안 시대와 함께하고자 한 도산서원의 작은 노력들이 모여 이루어졌다고 조심스레 되짚어 본다. 앞으로도 서원 운영의 주요 의사결정에서 '전통'과 '현대'라는 두 바퀴를 잘 조화시켜 나갈 예정이다. 이런 노력이 퇴계 선생의 소원처럼 착한 사람이 좀 더 많아지게 하는 데 일조하여 갖가지 이해관계로 몸살을 앓는 우리 사회의 반목과 갈등을 잠재우는 데 조금이라도 기여할 수 있기를 소망해 본다.

⟨미스터트롯⟩에 보내는 박수

코로나 팬데믹이 우리의 삶을 한참 동안 뒤흔들고 있다. 서양 선진국도 예외가 아니다. 지구촌이 극심한 어려움을 겪고 있다. 대외의존도가 높은 우리나라는 국민이 똘똘 뭉쳐 슬기롭게 극복해야 한다. 그런데 지금 나라를 이끄는 지도자들의 모습은 실망만 안겨 준다.

최근 정치권이 보여 준 모습은 더욱 그렇다. 상대를 죽이고 나만 살려는 사생결단식 경쟁을 하고 있다. 이래서야 되겠는가. 내가 상대를 짓밟으면 아무리 약한 상대도 가만히 있지 않는다. 협조와 단합이 이루어질 리 없고, 국정운영의 장기계획도 잘 수립할 수 없다. 결국 승자도 패자도 쇠락의 길을 갈 뿐이다.

인간사회에서 경쟁은 없을 수 없다. 하지만 아름다운 경쟁이어야 한다. 더티 플레이는 스포츠 세계에서도 팬들의 등을 돌리게 한다. 경쟁을 하면서도 상대를 존중하고 경쟁이 끝나면 승자와 패자가 손을 맞잡고 화합하는 것이 성공한 역사의 교훈이고 스포츠 흥행의 비결이다. 우리의 운명을 손에 쥔 정치권 지도자들은 정녕코 이런 아름다운 경쟁을 할 수 없단 말인가.

이 가운데 노래하는 젊은이들과 평범한 시민들의 모습을 보며 매우 기뻤다. 이들이 보여 주는 삶은 사람을 감동시키기에 충분했다. 먼저 몇 해 전 국민을 사로잡은 〈미스터트롯〉 이야기다. 음악에 문외한인 필자는 물론 9순 나이에 청력까지 잃어버린 퇴계 종손 이근필 옹까지 새벽 1시가 넘도록 TV 앞에 앉아 있게 한 비결은 대체 무엇일까.

첫째, 그들의 노래 솜씨다. 이름난 가수는 아니지만 모두들 가창력이 뛰어났다. 둘째, 긴장감 있는 경쟁구도다. 특히 실력이 막상막하인 사이에서 즉시 승패가 갈리는 단판 승부는 흥미를 배가시켰다. 셋째, 출연자들의 겸손과 상대존중의 태도이다. 참가자 모두가 진심을 담아 상대를 존경하는 것이 역력히 보였다. 넷째, 승패가 갈린 후의 자세이다. 발표 순간 승자는 패자를 위로하며 미안해했고, 패자는 먼저 승자에게 달려가 마치 자신이 이기기라도 한 것처럼 기뻐하며 축하해 주었다. 다섯째, 모든 승부가 끝난 후에도 원팀이 되어 활동한다는 점이다. 프로그램 성격상 인위적 등수 나눔은 불가피했지만, 이들 모두는 시청자들을 살맛나게 한 승자다. 이러니 어떻게 채널을 다른 곳으로 돌릴 수 있겠는가.

코로나19로 지친 국민을 감동시키는 것은 또 있다. 자신의 안위를 돌보지 않고 험지로 달려가 무거운 방호복을 입고 몇 달째 봉사하는 의료진, 어려운 이들에게 조금이라도 도움을 주려는 독지가들, 그리고 선진 국민도 부러워하는 사재기하지 않는 소비자들이다.

그런데 이런 국민을 향해 정치권은 어떻게 하고 있는가. 한쪽은 자화자찬이나 하고 반대쪽은 정치적으로 엮어 비난만 일삼고 있다. 부끄럽지 않은가. 코로나도 언젠가는 진정될 것이다. 그때가 되어도 정치권은 더 치열하게 상대를 몰아붙이고 나만의 이득을 취하려고 내달릴 것인가. 아니면 노래하는 젊은이들처럼 승자는 패자를 토닥거리고 패자는 승자를 축하해 줄 것인가. 선택은 우리의 몫이다.

맹자는 "남의 아버지를 죽이면 남도 또한 내 아버지를 죽이고, 남의 형을 죽이면 남도 내 형을 죽인다. 그렇다면 자기가 직접 아버지와 형을 죽인 것은 아니지만 한 가지일 뿐이다"(《맹자》, 〈진심〉편)라고 했다. 자신을 소중히 여길수록 타인을 소중하게 대해야 한다는 가르침이다. 당송 8대 문장가로 이름을 떨친 송나라의 구양수歐陽脩(1007~1072년)는 "당대 사람을 속일지라도 후세 사람들은 속일 수 없다"可欺當世人 不可欺後世人라고 깨우쳐 주었다. 역사의 눈을 뜨고 살아가라는 말이다.

이제부터라도 당대는 물론 후세 사람들이 지금 나의 처신을 어떻게 볼지를 의식하며 살아가자. 승자와 높은 분부터 〈미스터트롯〉의 젊은이들처럼 아름다운 삶을 살아간다면 그 길은 점차 열리지 않을까.

함께 부르는 배움의 노래

노래와 한참 거리를 두고 살아온 필자가 70대 중반을 넘긴 요즘 틈만 나면 부르는 노래가 하나 있다. 12절로 구성되어 한 번 부르는 데 10분이나 걸리는 노래이다. 그래서 한적한 새벽 산책길에서 주로 부르고, 행사가 있을 때는 진행 순서에 담아 합창한다. 어떤 노래이기에 이렇게 빠졌을까? 다름 아닌 퇴계 선생이 457년 전에 작사한 〈도산십이곡〉이다.

처음 이 곡을 좋아하게 된 이유는 연작 시조인 가사가 마음에 와닿았기 때문이다. 퇴계는 '이 세상에 착한 사람이 많아지는 것'을 평생 소망으로 여겨 교훈적 내용을 담은 한시를 2,000수 이상 남겼다. 그런데 한문을 모르는 백성은 혜택을 누리기 어려워 퇴계는 좋은 우리말 노래를 만들면 되겠다고 생각했다. 당시에도 우리말 노래가 있었지만, 권장하기에 적절한 내용이 아니었다.

65세 노인 퇴계는 어떻게 하면 백성이 즐겁게 부를까 고심하며 한 자 한 자 다듬어 〈도산십이곡〉 12곡 573자를 작사했다. 우리 역사에서 백성의 마음공부를 위해 이렇게 정성 들여 12곡의 가사를 남긴 사람이 또 있을까? 전문 음악인이 아닌 퇴계는 이 가사가 음악에 어울릴지 확신할 수 없다면서 훗날 '보는 자'覽者의 취사선택을 기다린다는 머리글을 남겼다.

하지만 작곡가는 나타나지 않았다. 14년 전에 도산에 내려온 필자도 〈도산십이곡〉 가사를 읊조리기만 했다. 그러다 453년 이 지난 2018년 비로소 첫 작곡가를 만났다. 알코올중독자를 치유하는 충남대학병원의 현직 의사 김종성 교수(1959년생)가 그분이다.

김 교수는 배운 대로 그동안 알코올중독환자에게 의학지식을 알려 주며 치유하려 했으나 고치기 어렵더란다. 이를테면, 선지후행先知後行의 현대적 치료이론이 벽에 부딪힌 것이다. 그러던 차에 우연히 퇴계 선생의 지행병진知行並進 학설을 듣게 되었다. 먼저 알고 뒤에 행동하는 선지후행과 먼저 행동하고 나서 뒤에 알고 깨닫는 선행후지先行後知 모두 가능하다는 독창적 견해이다.

그는 가뭄에 단비 만난 듯 기뻐서 즉시 실행에 옮겼다. 알코올중독환자에게 의학지식을 교육하는 대신, 단정한 옷차림과 겸손한 인사, 정성스러운 언행을 실천하도록 했다. 곧 괄목할 치유효과가 나타났다. 의학의 아버지 히포크라테스가 "철학과 의학 사이에 고정된 심연이 없다. 철학을 의학에 이식하고 의학을 철학

퇴계 선생의 불천위 제사에 앞서 참례자들이 〈도산십이곡〉을 부르고 있다.
ⓒ 도산서원선비문화수련원

에 이식하라"고 한 말이 생각났다.

　용기를 얻은 김 교수는 현대 뇌과학이론이 퇴계 성리학의 사단칠정론과 밀접한 연관성이 있다는 연구 결과를 발표했다. 학계의 관심은 높아졌지만 일반인에게 설명하기엔 난해했다. 이 방법만으로 보급이 더딜 것 같아 고심이 되었다.

　이때 떠오른 것이 바로 퇴계가 한문을 모르는 사람들을 음악으로 깨우치기 위하여 작사한 〈도산십이곡〉이었다. 그는 퇴계의 소원을 자신의 소명으로 생각하고 작곡에 나섰다. 남녀노소 국민 누구나 애창하도록 쉬운 곡조를 지향했다. 또 자신도 전문적으로 노래를 부르는 사람이 아니므로 높은 음은 피하며 낮고 부드러운 3박자 리듬으로 마침내 곡을 완성했다.

이때부터 필자도 〈도산십이곡〉을 노래로 부르기 시작했다. 배움과 깨달음이 그전보다 훨씬 깊어지고, 선비 강의를 할 때도 넉넉해짐을 느꼈다. 이 효과를 확산하려는 생각에서 2020년 1월 초 선비수련원 연찬회에서 퇴계정신을 세상에 전파하는 지도위원 합창경연대회를 제안했다. 애국가 4절도 자신 있게 부르지 못한다던 분들을 설득했더니 불과 보름 만에 거의 모두가 악보를 보지 않고도 12절을 부르는 것이 아닌가! 150여 명이 8개 팀으로 나뉘어 열띠게 합창했다. 그날 저녁에 열린 퇴계 선생 불천위 제사에 앞서 다시 힘차게 합창했는데 하염없이 흐르는 눈물을 어찌할 줄 몰랐다.

이후 코로나 확산으로 관련 행사가 많이 줄어들긴 했지만 행사 때는 꼭 〈도산십이곡〉을 부르고 있다. 새벽 산책마다 불러 익숙해진 필자도 앞줄에서 목청을 높이곤 한다. 이렇게 하는 까닭은 이 노래가 더 많은 사람들에게 전파되어 국민 합창곡이 되었으면 하는 바람에서다. 누구나 유튜브에 '도산십이곡노래'를 검색하면 가사와 함께 노래를 익힐 수 있다. 좋은 노래를 자주 부르면 457년 전 퇴계가 바라던 것처럼 착한 사람이 세상에 점점 많아지지 않겠는가!

'작심삼일'을 '작심십년'으로

청산은 어찌하야 만고에 푸르르며
유수는 어찌하야 주야에 긋지 아니한고
우리도 그치지 마라 만고상청하리라

퇴계 선생이 지은 〈도산십이곡〉의 11번째 시조이다. 중지하
면 뜻한 바를 이룰 수 없으니 푸른 산처럼 변치 않고 흐르는 물같
이 그치지 말 것을 다짐하는 내용이다. 작심삼일이 많이 이야기
되는 요즘에 되새길 만한 교훈적 시조이다. 이와 관련하여 작심
한 것을 비교적 오래 실천하는 필자의 경험 한 가지를 소개하고
자 한다. 운동 습관에 대한 이야기다.

약한 체질의 필자가 공직에서 물러나 운동을 처음 시작했을 때
는 운동량이나 종류가 들쑥날쑥했다. 심지어 목욕도 운동의 범
위에 넣었으니 운동 효과가 제대로 나타날 리 없었다. 이렇게 몇

년이 지난 2012년 1월 초 어느 날, 격무에 시달리면서도 건강미를 뽐내던 10년 아래 현역 후배로부터 아무리 바빠도 하루 1시간 이상 운동이 건강 비결이라는 말을 들었다. 그 이야기를 들으면서 시간 여유가 더 있는 필자는 부끄럽게 느껴졌다. 그날부터 반드시 1시간 이상 운동하기로 다짐했다. 계획대로 실천한 날만 일련번호를 적어가며 한 해 동안 200일(주 4회)의 목표를 세웠다.

이렇게 새롭게 시작한 운동이 첫해인 2012년에 250일(주 5회)을 기록했다. 기쁘게도 50일이나 초과 달성한 것이다. 이에 고무되어 2013년에 목표를 250일로 상향 조정했는데 이번에도 50일을 초과하여 300일(주 6회)을 달성했다. 2014년에도 300일 목표에 350일을 달성했다. 3년 연속으로 목표를 늘렸고, 늘린 목표도 초과 달성한 것이다.

2015년 하반기부터 지금까지 7년 동안은 단 하루도 거르지 않고 매일매일 운동을 하고 있다. 도산에 있을 때는 사시사철 새벽 5시 30분부터 도산서원까지 왕복 등 1시간 이상 걷고 수련원 숙소에 돌아와 일과 중에 틈을 내어 30분 이상 근력운동과 스트레칭을 한다. 분당 집에 올 때면 야외 운동 대신 실내자전거를 30분 이상 타고, 틈을 내 50~60분가량 근력운동과 스트레칭을 한다. 여행을 갈 때도 예외는 없다.

이렇게 매일 1시간 이상 규칙적으로 운동을 한 결과, 70대 후반으로 접어들었음에도 젊은 시절보다 더 건강해졌다는 말을 자

퇴계 명상길.
필자가 자주 새벽 산책을 하는 이 길은 퇴계 선생이 계상에서 도산서당까지 거닐던
길이다. 현재 선비수련 프로그램에서 이 길을 산책하며 명상하는 시간이 인기가 높다.
ⓒ 도산서원선비문화수련원

212

주 들는다. 공직에서 능력 이상의 일을 하다 보니 60세에 물러날 때까지 소화제와 두통약을 끼고 지냈다. 그런데 현역을 떠난 지 17년, 규칙적으로 1시간 이상 운동하기 시작한 지 10년, 하루도 거르지 않고 1시간 이상 운동을 한 지 7년 만에 일생 동안 가장 건강한 상태로 지내는 것이다.

필자의 이런 경험에 비추어 볼 때 작심삼일을 극복하는 길은 자명한 듯하다. 첫째, 본인의 실천의지가 분명하고 절실해야 한다. 약골인 필자에겐 건강보다 더 중대한 과제가 없었다. 그래서 운동에 대한 실천의지가 남보다 절실했다. 친구 따라 강남 가는 식으로는 작심삼일이 되기 십상이다.

둘째, 긍정적인 마음을 가져야 한다. 나는 할 수 있다고 끊임없이 다짐해야 한다. 설혹 거르는 경우에도 자포자기하지 않고 다시 하면 된다고 자신을 다독거리고, 다시 일어선 자신을 칭찬하자.

셋째, 시작할 때 목표를 낮게 책정하고 점차 늘려가야 한다. 처음부터 무리하게 설정하면 힘들고 부작용도 생길 수 있어 작심삼일의 핑계가 될 수 있다. 목표를 차츰차츰 늘려 가면 성취의 즐거움과 향상의 기쁨도 함께 맛볼 수 있다.

넷째, 지속성을 유지하기 위해 운동 결과 기록하기를 적극 권장한다. 필자는 매일 그날 운동량을 휴대용 수첩에 기록한다. 점검도 될 뿐 아니라 즐거움도 배가 된다. 운동할 때도 기록할 때도 그리고 뒤에 기록을 볼 때도, 그때마다 뿌듯함을 느낀다. 그러다 보니, 여러 차례 즐거움을 맛보기 위해서라도 지속하게 된다.

필자의 경험을 이렇게 장황하게 늘어놓은 까닭은 작심삼일인 분들에게 자신감을 심어 드리고 싶은 바람 때문이다. 누구나 본인에게 절실한 과제를 골라 즐겁게 실천한다면, 작심십년도 가능함은 물론 그를 통해 큰 성취와 보람을 틀림없이 느끼게 될 것이다.

선비정신은 사회 갈등의 솔루션

오늘날 우리 사회는 물질적 풍요 속에서도 정신적 빈곤에 시달리고 있다. 세대·성별·계층 간 갈등도 끊이지 않는다. OECD 회원국 중 자살률 1위이고, 행복지수도 중하위권에 처져 있다. 이러한 상황에서 퇴계 사상을 비롯한 선비정신은 공허한 철학이 아니라 실용적 전략이 될 수 있다. 더불어 사는 삶을 추구하는 선비정신은 사회를 통합하고 갈등을 해결하는 하나의 솔루션이 될 수 있기 때문이다.

오늘날 우리 사회의 여러 가지 문제를 해결하기 위해 선비정신이 필요하다고 하셨는데요, 그 이유는 무엇인가요?

우리나라는 분명히 예전보다 잘 삽니다. 굶고 병들어 죽는 사람은 현격히 줄었지요. 그렇다고 예전보다 행복할까요? 자살률이나 이혼율은 해마다 늘고 행복지수는 떨어지고 있습니다. 겉으로는 잘 사는데 행복한 삶은 아닌 것이죠. 이기주의와 물질만능주의가 팽배했기 때문입니다. 퇴계 선생이 강조한 자신을 낮추고 남을 차별하지 않으며 배려하는 삶, 검소한 삶에서 우리가 처한 문제의 해결책을 찾을 수 있습니다.

우리 사회의 많은 문제 중에 남녀차별을 빼놓을 수 없는데요, 최근 도산서원은 이를 완화하기 위해 꾸준히 노력해온 것으로 압니다. 대표적인 예로 어떤 것이 있나요?

도산서원은 유림사회에 존재하는 유리천장 걷어내는 데 앞장서 왔습니다. 2002년부터 여성 선비수련생에게 사당 상덕사에 모셔진 퇴계 선생의 위패에 인사를 드리는 알묘례에 참여할 수 있도록 했고, 2020년 6월부터는 일반인도 가능하게 하였습니다. 그리고 같은 해 10월 가을 향사 때 우리나라 서원 최초로 여성이 첫 잔을 올리는 여성 초헌관 시대를 열기도 했습니다.

여러 지표를 보더라도 서구에 비해 우리나라 국민은 심각한 정신적 빈곤에 시달리는 것 같습니다.

서구 사회는 그 나름의 윤리적 기초 위에서 자본주의와 자유주의 정신이 발달해 왔습니다. 우리는 그렇지 못했지요. 급격한 변화 속에서 모든 미풍양속과 역사전통이 다 무너진 상태에서 자본주의와 자유주의, 그리고 개인주의가 들어왔습니다. 그래서 자본주의는 물질주의로 흐르고, 자유주의와 개인주의는 이기주의로 변질되고 있습니다. 그 결과 극심한 경쟁과 양극화 현상이 일어난 것이죠.

많은 사람이 무한경쟁에 피로감을 넘어 좌절감을 느끼고 있습니다. 어떻게 하면 우리 사회 구성원이 넉넉한 마음으로 행복해질 수 있을까요?

지금 우리 사회의 모습은 어떻습니까? 부모가 아이에게 남과 경쟁해서 이기라고 가르칩니다. 남을 이기려는 이런 이기적인 사람은 행복할 수 없습니다. 타인과 공동체를 생각하는 사람이 사랑과 존경을 받게 됩니다.

왜 그럴까요? 사람 마음은 다 똑같습니다. 행복은 인간관계에서 나옵니다. 스마트폰에 많은 사람의 전화번호가 저장되어 있다고 인간관계를 잘한 게 아니에요. 퇴계 선생은 "저잣거리에서 만나 사귀다가 이해관계가 끝나면 길거리 사람처럼 남남이 되는 관계를 멀리하라"고 가르쳤습니다. 공경과 배려의 마음을 바탕으로 한 사귐에 눈을 돌리면 좋은 사람들과 더불어 행복해질 수 있습니다.

나날이 개인주의와 이기주의가 팽배하면서 공동체 의식이 희미해지고 있습니다. 더불어 사는 삶을 영위하려면 어떤 노력을 해야 할까요?
사실 자신이 가장 중요합니다. 그렇다면 내가 가장 중요하게 대접받기 위해 어찌해야 할까요? 내가 먼저 낮추고 남을 배려하는 삶을 살아야 합니다. 《논어》에서 기소불욕 물시어인己所不欲 勿施於人이라 했습니다. 자기가 하고 싶지 않은 것을 남에게 시키지 말라는 의미입니다. 이렇게 자신을 낮추고 배려하는 삶을 살면 자연스럽게 타인과 사이가 좋아지고 마음도 평온해집니다. 이것이 결국 더불어 사는 지혜로운 삶이죠.

정치인이 국민통합과 사회안정에 제 역할을 못한다는 비판의 목소리가 들립니다. 퇴계 선생이라면 요즘 정치인들에게 어떤 충고를 했을까요?
퇴계 선생이라면 정치인들에게 우선 국민의 신뢰를 회복하라고 했을 것입니다. 국민이 정치인을 판단하는 기준은 대체로 인물에 대한 존경심과 신뢰입니다. 존경심은 자질과 인품에서 우러나고, 신뢰는 그간 보여 준 삶에서 나타납니다. 따라서 지도자는 누구보다 기본적 자질을 갖추면서도 평소 생활이 신뢰받을 수 있어야 합니다.
퇴계 선생은 또한 몸소 실천한 '물러남의 미학'도 말씀하셨을 것입니다. 선생은 임금과 조정 신료들의 만류에도 평생의 염원인 진리탐구와 후학양성을 위해 고향으로 내려가 그 과업을 완성합니다. '왜 나를 써 주지 않느냐?'는 불만이 곳곳에 팽배한 우리 사회에 위로와 통찰을 보내는 대목입니다.

마지막으로 우리 국민에게 당부하실 말씀이 있나요?

인간은 진실로 자신을 소중히 여길 때 타인을 소중히 대하게 마련입니다. 그런데 자살률이 높아지는 것을 보면 자신을 소중히 여기지 않는 사람이 늘어나고 있어 큰 걱정입니다.

자기 자신을 소중히 여기려면 우선 남을 소중히 여겨야 합니다. 내가 배우자를 소중히 여겨야 배우자가 나에게 잘 대해 주니까 소중한 나를 다시 확인할 수 있는 것이죠. 내가 소중하다고 '내가 1등, 너는 꼴등'이라고 취급하면 내가 존중받을 수 있을까요? 내가 소중할수록 남을 소중히 여겨야 해요. 내가 발전하려면 우리 공동체가 발전하도록 나부터 노력해야 합니다. 공동체는 가정도 있고 직장도 있고 대한민국도 있습니다.

새 시대의
선비들

5

폭염보다 열기 넘친 선비체험

근래 찌는 듯한 폭염을 느끼지 못할 만큼 속이 시원해진 경험을 했다. 코로나 팬데믹 이후 모처럼 4개 과정의 선비수련이 동시에 진행되면서 도산서원선비문화수련원은 주말에 활기가 넘쳐났다. 우월한 위치에 있으면서 누구든지 배려하고 포용하며 한없이 존경받았던 큰 스승 퇴계의 삶에 수련에 참여한 모두가 무더위를 잊고 빠져들었다.

50대 재혼부부와 남편이 낳은 30세 전후 딸 셋으로 구성된 가족 수련팀과 30년 전 전국에 흩어져 교직생활을 하면서 한 대학에서 석사과정을 이수한 60대 남성들의 인문학 공부모임, 30년간 경남지역의 같은 직장을 다니다 퇴직한 60대 여성 친목단체, 그리고 금년 봄 서울에서 만나 의기투합한 지 겨우 몇 달밖에 안 된 60세 전후 지역탐방 커뮤니티가 그들이었다.

그룹들의 성격에서 보듯 선비수련 하는 동안 각기 특색이 드러났다. 이미 화목해진 가족팀은 더 가까워지려고 퇴계집안의 효도와 우애를 익히려고 집중했다. 60대 인문학 공부모임은 코로나19로 2년간 만나지 못한 그간의 한을 풀려는 듯 퇴계학의 현장에서 향기에 젖어드는 모습이었다. 60대 여성 그룹은 은퇴 후에도 대부분 사회복지 활동을 하고 있어 그런지 퇴계 선생이 보여 준 살피고 보듬는 삶에 관심을 두고 배우려고 했다.

여기에 더해 만난 지 얼마 안 된 60세 전후 지역탐방 커뮤니티 그룹은 참여 열기가 드높아 감동으로 다가왔다. 한 지방자치단체가 마련한 3개월 과정의 사회교육 프로그램에 참여하면서 이루어진 모임이었다. 이들이 의기투합한 주제는 "어떻게 하면 앞으로 인생을 더 보람 있게 살 것인가?"였다. 그리고 그 길을 지역탐방을 통해 찾기로 하고, 첫 번째 일정으로 퇴계 선생의 삶을 익히고자 안동 도산에 자리한 수련원의 1박 2일 체험프로그램에 참여한 것이다. 지난 3월 선비수련에 참여한 친지로부터 참 좋았다며 강력하게 추천하는 이야기를 들은 멤버 중 한 사람이 앞장섰단다.

그래서인지 36도를 웃도는 뜨거운 햇살보다 수련에 임하는 열기가 더 뜨거웠다. 빡빡하다는 우리 수련원 프로그램보다 더 욕심(?)을 내서 체험시간을 늘려 달라고 했고, 강의시간에도 한마디도 놓치지 않고 귀 기울이며 경청했다. 아는 것을 반드시 실천하려는 퇴계 선생의 지행병진의 삶에 감동했고, 모든 인간을 아끼고 존중했다는 설명을 들을 때에는 지금까지 자신의 삶을 성찰하는 모습이 역력했다. 또한 현장해설 시간에는 한 장면도 놓치지 않고 뚫어지게 바라보며 체득하려고 했고, 밤 10시가 넘도록 조금이라도 더 알려고 질의를 이어갔다. 답변하는 필자도 쉽지는 않았지만 보람은 어느 때보다 컸다.

이튿날은 필자 아내의 생일날이라 입소 첫날 늦게라도 상경하려 했지만, 수련에 임하는 이들의 열기를 보고 차마 발걸음이 떨어지지 않았다. 아내에게 양해를 구하고 이튿날 새벽 산책을 함께한 다음 상경하기로 마음을 바꿨다. 그런데 새벽 5시 30분부터 1시간 30분이 소요되는 도산서원까지 자율적으로 참여하는 산책에 전원이 동참했다. 전례가 거의 없는 경우이다.

하늘도 감복했던지 새벽녘에 좀처럼 보기 드문 광경을 잇달아 연출했다. 날이 밝아오자 하늘빛天光 구름雲의 그림자影가 마치 거울에 비추듯 낙동강 물위에 그대로 드러났다. 퇴계가 이름 지은 천광운영대天光雲影臺 위에 서서 그 옛날 선생과 한마음이 된 듯 신기해했다. 눈을 뒤로 돌리니 도산의 언덕隴 위에 구름雲이 두둥실 떠 있다. 퇴계가 제자들의 기숙사 이름을 지을 때 임금이 벼슬에 나오라고 해도 농운을 두고 나아갈 수 없다고 사양한 중국의 도홍경陶弘景(456~536년)의 고사를 빌려 농운정사隴雲精舍로 명명했다는 이야기에 흐뭇한 표정으로 끄덕였다. 이구동성으로 "정말 축복받고 있다"며 연신 행복한 웃음꽃을 피웠다.

아침식사를 마치고 나서 필자의 개인 사정을 이야기했다. 그랬더니 아내 생일날인데도 자신들을 위해 당일 아침에 떠나는 배려에 너무 행복하다며, 그 자리에서 생일축하 노래를 힘차게 소리 높여 합창하는 것이 아닌가. 상경 도중 동영상을 가족에게 보냈더니 무척 기뻐했다. 15년 전 선비수련에 몸담은 이후 이런 호사까지 누리다니 참 감사했다.

필자뿐 아니라 직접 안내하고 해설한 전직 교장 출신의 지도위원도 피곤함을 잊었다고 했다. 이들의 열띤 공감과 박수에 힘이 솟아 평소보다 두 배나 대화시간을 할애했던 아흔의 퇴계 노종손도 그날 이후 더 밝아 보였다. 동시에 진행된 네 그룹의 선비수련에 함께한 모두의 몸과 마음이 좋아진 것이다. 잃은 것 하나 없이 얻는 것만 가득한 수련시간이었다. 앞으로 더 많은 사람이 이 의미 있는 시간을 함께할 수 있도록 선비수련 운영에 더욱 정진해야겠다는 다짐이 절로 들었다.

청렴 현장을 찾은 공직자들

코로나19로 대면 활동이 억제되면서 단체로 모이고 이동하는 것이 위축되었다. 외진 곳에서 인성교육을 하는 도산서원선비문화수련원도 크게 다르지 않다. 2021년 들어서는 숙박수련이 금지되고 당일 과정으로만 선비수련을 하여 수련원을 찾기가 더 어려워졌다.

이런 가운데 한 공공기관 직원들이 청렴 연수를 목적으로 두 차례에 걸쳐 찾아왔다. 최근 4년간 연속해서 부패방지 최우수 기관으로 선정되었고, 같은 시기에 청렴도 우수기관으로 평가받은 기관이다. 그런 기관이 단체로 교육받는 일이 쉽지 않은 시기임에도 멀리 도산을 찾은 것이다.

공부도 잘하는 학생이 더 열심히 한다. 더 열심히 해야 결과가 더 좋다는 것을 잘 알기 때문이다. 이 기관 역시 높은 청렴도를 더 견고하게 이어가려면 어려운 시기일지라도 청렴교육을 거르지 않아야 한다고 여긴 것이다. 그런데 왜 그 많은 선택지 가운데 도산까지 왔을까? 두말할 것 없이, 퇴계 선생의 청렴정신을 배우기 위해서다. 백문이불여일견百聞不如一見이라고, 선생이 남긴 청렴의 현장에서 직접 보고 듣는 것이 훨씬 효과가 있다고 판단했기 때문이리라.

이 기관의 기대처럼 대학자요 큰 스승인 퇴계 선생은 청렴에서도 두드러진 분이다. 조선시대 관리들이 최고 영예로 여기는 청백리에 선정되었고, 그에 따른 청렴 일화도 많이 전한다. 선생은 공직생활을 하면서 청탁 목적의 물건이나 전별금 등, 의롭지 않은 것은 일체 받지 않았다. 단양군수를 떠날 때 관례라며 주는 삼 꾸러미를 거절했으며, 꾸린 짐이라곤 두 궤짝의 책과 옷 보따리 하나, 손수 주위온 수석 두 점이 전부였다. 이듬해 풍기군수 이임 시에는 책 담아온 상자도 관에 반납했다.

명성이 높아지자 고향에 머물 때 원근에서 선물이 많이 들어왔지만, 되갚을 수 없거나 출처와 주인이 불분명한 것은 절대 받지 않았고, 의로운 것이라도 가려서 받았다. 또 받고 난 후에는 반드시 답례했고, 받은 물건은 주위 어른과 친지, 어려운 이웃 등과 나누었다. 선생이 남긴 편지를 보면 받은 물품보다 준 물품이 더욱 많을 정도이다.

선생은 왜 이토록 청렴한 삶을 살았을까? 청렴하지 않으면 다른 것이 아무리 뛰어나도 손가락질 받고 끝내 사라지기 때문이다.

도산서당 전경(위).
퇴계 선생은 직접 설계한 3칸 반 규모의 이 작은 서당에서
10년간 기거하며 조선 성리학을 집대성하고 수많은 후학을 길러냈다.
도산서당 유정문(아래).
퇴계 선생은 손님이든 제자이든 이 문에서 맞이하고 배웅했다.
열린 마음으로 사람을 존중하고 세상과 소통했던 정신이 숨 쉬는 곳이다.
ⓒ 도산서원선비문화수련원

특히 높은 위치에 있는 사람은 더 쉽게 눈에 띄고 입에 오르내린다. 《목민심서》牧民心書에서 다산 정약용 선생이 가장 큰 꿈을 가진 사람은 반드시 청렴해야 한다고 역설한 것도 이 때문이다.

청렴하려면 먼저 생활이 검소질박儉素質朴해야 한다. 퇴계의 검소한 생활은 무엇보다 기본생활인 의식주에서부터 잘 나타나 있다. 60세 무렵 손자에게 보낸 편지를 대표적 예로 들 수 있다. 자신은 추위를 많이 타는 탓에 털옷이 없으면 겨울나기가 힘든데 지금 입는 털옷은 20년이나 되어 해졌으나 새로 살 돈이 없다면서, 베 몇 필이면 털옷을 살 수 있는지 알아보라는 내용이었다. 식사도 늘 세 가지 반찬으로만 했다. 집안 자제들이 죄송해하면 "백성들이 먹는 것보다 낫다"고 맘 편하게 해주었다. 이렇듯 퇴계의 검소하고 청렴한 이야기는 헤아릴 수 없이 많다.

이런 오래된 스토리들을 현장을 찾아온 현대인이 깨닫고 실천할 수 있도록 어떻게 리얼하게 전달하느냐가 문제일 수 있다. 하지만 크게 고민하지 않아도 된다. 퇴계 선생이 남긴 딱 알맞은 현장이 있다. 선생이 직접 설계하고 만년에 10년 동안 살다 가신 도산서당이 바로 그곳이다. 도산서원 경내에서 가장 아래에 자리한 이곳은 세 칸 남짓한 아주 조그만 건물과 좁은 마당, 낮은 사립문과 작은 연못으로 구성되어 있다. 이렇듯 협소한 공간이지만 여기야말로 선생의 검소하고 청렴한 삶을 한눈에 보고 느낄 수 있는 생생한 현장이다.

이곳을 찾은 사람들은 조선 최고의 학자요 대감 지위에 있던 분의 거처로는 상상하기 어려운 규모를 보며 그 검소한 생활에 충격을 받는다. 그러면서 작은 연못에 연꽃을 키우면서 혼탁한 물에서도 물들지 않는 깨끗한 친구라는 뜻에서 '정우당'淨友塘이라 이름하고 늘 청렴에 애썼다는 설명을 숨죽이며 경청한다. 이를 통해 과거의 역사는 현재화된다. 그 앞에 서 있는 수련생들로 하여금 나는 어떻게 살아가야 하는지 성찰하게 하기 때문이다.

한 번뿐인 인생, 존경받고 살면 얼마나 좋을까? 그러려면 언제 어디서 무엇을 하든, 다산의 지적처럼 반드시 청렴해야 한다. 청렴은 모두에게 좋다. 떳떳하여 심신이 편안해지니 본인이 가장 먼저 좋아지고, 평판이 좋아져 점점 찾는 이가 많아지면 지속적으로 발전하게 되니 몸담은 조직도 좋아지며, 이런 것들이 모여 청렴한 선진사회로 나아가니 우리나라도 좋아진다. 그 첫걸음으로 검소와 청렴으로 500여 년 동안 존경받는 퇴계의 향기가 스며 있는 현장, 도산서당으로 발걸음 하길 권한다.

국토대장정에 오른 청춘들

수도권의 한 대학에서 학생들이 선비수련을 다녀갔다. '국토대장정'이라는 행사의 출발지로 도산서원을 선택하고 출발에 앞서 도산서원선비문화수련원에서 선비수련에 참여한 것이다. 이번 국토대장정은 도산서원을 출발하여 인천까지 약 400km를 걷는 긴 노정이다.

테마는 '과거길 대장정'이다. 옛 선비들이 과거를 보기 위해 걸어간 그 먼 길을 따라 걸어 보며 더 나은 미래로 나아갈 수 있도록 한다는 취지이다. "과거를 걷는 청춘, 미래는 당신으로 인하여"라는 슬로건이 이를 잘 말해 주었다.

대장정에 참여한 젊은이들은 스스로 참가를 결심하고 행동으로 옮겼다고 한다. 참으로 대견한 일이다. 한여름 삼복더위에 16박 17일 동안 400km, 천릿길을 걷는 프로그램이다. 필자가 3년 전부터 4월의 따뜻한 봄날 270km의 퇴계 귀향길을 14일 동안 걸어

국토대장정 행사에 참여한 대학생들이 출발에 앞서 도산서원선비문화수련원에서
선비수련에 참여했다. ⓒ 도산서원선비문화수련원

본 것에 비하면 여러모로 힘든 일정이다.

하지만 그런 어려움에도 대장정에 참여한 것은 현명한 판단이
라 칭찬하고 싶다. 먼 길을 걷다 보면 굉장히 힘들고 어쩌면 포
기하고 싶은 마음도 들겠지만, 자신들의 긴 인생 여정을 생각하
면 이보다 더 적절한 준비와 체험이 어디 있겠는가?

앞으로 젊은 학생들이 살아갈 백세 장수 시대에 꼭 필요한 사
람은 어떤 유형일까? 두말할 것 없이 지덕체를 겸비한 사람이
다. 단순히 정답만 암기해 쌓은 지식보다 세상을 바라보는 안목
과 현명하게 판단할 수 있는 지혜知, 다른 사람을 존중하고 배려
할 줄 아는 넉넉한 인품德, 이 모든 것을 오래 실행하기 위한 건
강한 체력體이 필요하다.

국토대장정과 같은 체험은 이러한 지덕체를 기르는 데 가장 효과적인 방법 가운데 하나다. 무엇보다 오래 걷다 보면 힘든 일에 부딪칠 수 있다. 그럴 때 이를 극복하기 위해 슬기로운 지혜가 자연스레 쌓인다. 다음으로, 세상을 살아가는 데 타인의 소중함을 느끼게 된다. 힘든 여정을 함께하면서 내가 먼저 존중하고 배려하는 마음을 깨닫고 실천하게 되는 것이다. 마지막으로, 여러 날 꾸준히 걷다 보면 건강의 중요성을 깨닫고 체력을 기르는 계기도 마련할 수 있다.

그런데 이들은 왜 하필 도산서원을 출발지로 정했을까? 도산서원은 조선의 대학자인 퇴계 선생을 모시고 선비들이 공부하던 곳이다. 선비는 자신을 먼저 수양한 후 나라와 백성을 위해 헌신하는 '수기치인'修己治人을 목표로 살아간 사람이다. 벼슬길에 나아가 나라를 위해 헌신할 기회가 있으면 공동체를 위해 온힘을 쏟는 한편, 때로는 더 큰 가치를 위해 물러남을 선택할 줄 알았다.

그런 선비들 가운데 지금까지 많은 존경을 받는 분이 바로 퇴계 선생이다. 그는 누구보다 고매한 지식을 갖춘 대학자 위치에 있으면서도 항상 자신을 낮추며 사회적 약자까지 배려하는 삶을 살았다. 《활인심방》을 통해 늘 건강을 챙겨 당시로서는 장수라 할 수 있는 70세까지 살았다.

이런 의미에서 지덕체를 조화롭게 실천한 퇴계 선생이 모셔진 도산서원이 출발지로 선택된 것이다. 대장정 기획자는 "퇴계 선생의 마지막 귀향길 재현행사가 이루어지면서, 더 큰 가치를 향해 나아가고자 한 퇴계 선생의 삶과 정신이 깃든 도산서원에서 대장정을 출발하는 것이 아주 의미 있는 일이라고 생각하여 정하게 되었다"고 말했다.

선비수련을 마친 학생들도 성찰과 다짐을 담은 글들을 남겼다.

학점, 진로, 취직 등 많은 고민을 안고 국토대장정에 참여하게 되었는데, 출발에 앞서 퇴계 선생의 삶을 통해 저를 돌아보고 평생의 목표를 설계하는 시간이 되어 무척 뜻깊었습니다.

높은 자리에 있었음에도 자신보다 신분이 낮은 사람, 하녀까지 배려하며 남에게 베풀면서 자신의 이익은 챙기지 않았던 퇴계 선생의 아름다운 모습을 배우고 저도 실천하고 싶습니다.

바른 인성으로 무장한 군대

최근 골이 깊어지는 한일 간 갈등과 거듭되는 북한의 미사일 도발로 국가 안위에 대한 국민의 관심이 어느 때보다 고조되고 있다. 안보가 위중한 때일수록 국민 모두는 주어진 위치에서 최선을 다해야 함은 물론이다. 이런 차원에서 비록 단위부대 장병들의 작은 사례이지만 국방을 직접 책임지는 이들의 이야기라 그 메시지가 적지 않다고 생각하여 개인적 경험 하나를 공유하겠다.

최근에 한 단위부대 장병들이 도산서원선비문화수련원에 1박 2일 일정으로 세 차례 다녀갔다. 이 부대는 수년 동안 선비들의 인간존중과 호국정신을 체험하는 당일 과정의 수련에 참여해 장병들의 인성함양에 나름의 효과를 거두었다 자평하는 곳이었다. 그런데 장병 개개인의 실천을 전제로 하는 인성함양을 몸으로 익히는 데 당일 5~6시간의 체험으로는 부족하다고 판단하여 이번에는 1박 2일 일정을 택한 것이다. 한여름이었지만 늘어난

군대의 정신력 강화를 선비정신에서 배우려고 도산서원 선비수련에 참가한
육군 보병사단이 퇴계 종택의 추월한수정에 모였다. ⓒ 도산서원선비문화수련원

수련 시간 내내 장병들의 표정은 밝았고 퇴소할 때 만족도 평가
역시 그전보다 훨씬 높았다.

　군 장병의 인성함양을 위한 혹서기 선비수련의 의미는 과연
무엇일까? 이는 장병의 인성함양과 전투력의 상관관계를 생각
하면 자명해진다. 군은 외부로부터 국가를 보위하고 국민의 생
명과 재산을 지키기 위해 전투력을 기르는 조직이다.

　전투력은 크게 세 가지로 구성된다. 하나는 무기와 병력과 같
은 물리력이고, 다른 하나는 전략과 전술 등의 기술력이며, 마

지막 하나는 장병 개개인의 사기와 상호 간 전우애 등과 관련된 정신력이다.

이 세 가지는 당연히 모두 중요하다. 그중에서도 정신력의 비중은 나머지 둘과 비교하더라도 결코 가볍지 않다. 좋은 무기와 작전계획을 갖추었더라도 장병의 사기와 전우애가 저하되면 패망할 수 있음은 세계 전쟁사가 무수히 입증한다. 군의 사기와 전우애는 어떻게 생기는가? 그것은 외부에서 오기보다 부대원 상호 간 사랑과 공경하는 인간관계에서 주로 싹튼다.

무엇보다 상관은 부하를 인간적으로 아끼고 사랑해야 하고, 부하 또한 상관을 인간적으로 공경하고 따라야 한다. 그러고 나서 부하의 잘못을 지적하거나 상관의 부당한 점을 진언한다면, 부하는 더욱 잘 통솔되고 상사는 더욱 잘 이끌어 줄 것이다. 그러면 사기는 배가되고 전우애도 자연스레 두터워질 것이다. 이렇게 강화된 정신전력은 전투력 향상에 크게 기여하기 마련이다. 이런 효과가 기대되는데, 혹서기 또는 혹한기라고 장병들의 인성함양 수련을 마다하겠는가.

그렇다면 군인 장병들의 인성함양을 왜 하필 그 옛날의 선비정신에서 배우려 하는가? 그것은 존경받은 선비들이 바로 그렇게 살았기 때문이다. 우리 선비들은 나와 남은 하나라는 물아일체 物我一體와 자기 인격을 먼저 수양하고 이를 바탕으로 타인을 편안하게 하는 수기안인 修己安人의 가치를 몸소 실천함으로써 조화로운 공동체를 영위했다. 사회적 리더인 선비들이 이처럼 늘 솔선수범했기에 임진왜란처럼 나라가 위기에 처했을 때 정규 군대의 빈자리에 그들이 의병장으로 나서면 수많은 백성이 목숨까지 걸고 따라나섰던 것이다.

퇴계 선생은 비록 전쟁 시기를 살지 않았지만 올바른 삶의 이치를 공부하고 이를 모든 사람에게 실천했다. 그 결과 그의 제자들은 임진왜란 때 향촌 각지에서 의병을 일으키거나 조정에서 구국의 명신으로 활약했다. 수백 년 뒤 나라가 기울어졌을 때 그의 고향 안동에서 독립운동가가 가장 많이 배출된 것도 결코 우연이 아니다.

이처럼 그 옛날 신분사회에서도 구성원 상호 간에 존경과 사랑이 넘칠 때 공동체는 큰 힘을 발휘했다. 그렇다면 사기와 전우애가 무엇보다 중요한 정규 군 장병들이 선비정신을 본받으러 불볕더위를 무릅쓰고 선비수련원을 찾는 것은 마땅히 격려할 일 아니겠는가.

'마주'보다 '함께' 가는 노사

위드 코로나의 훈풍을 타고 귀한 손님들이 도산서원선비문화수
련원을 찾아왔다. 국내 유수 대기업의 노사勞使 양측 간부들이
두 차례 잇달아 입소한 것이다. 불화와 충돌의 상징처럼 비쳐지
는 노사관계의 일반적 이미지를 생각할 때 의외였다. 더구나 연
수를 통해 선비정신을 배워 노사가 서로 상대를 존중하고 공동
체 발전의 길을 모색하겠다니 존경의 마음이 절로 들었다.

근래 이 회사는 고객과 협력회사와 동반성장을 추구하고, 나
아가 지구온난화 같은 환경문제와 저출산 등 사회문제 해결에 기
여하는 '기업시민'의 역할을 경영의 목표로 설정했다. 그러면서
이것이 자신의 안위보다 상대를 배려하고 공동체를 중시하는 선
비정신과 부합한다고 생각했다. 이에 따라 우리나라의 대표적
선비인 퇴계 선생의 삶이 녹아 있는 도산서원선비문화수련원을
찾아 직접 보고 느끼며 체득하여 실천하겠다고 결정한 것이다.

포스코 직원들이 노사합동으로 도산서원에서 선비문화수련 교육을 받았다.
ⓒ 도산서원선비문화수련원

실제로 이 회사는 수년 전부터 최고위층부터 신입사원까지 70
여 차례 5,000여 명이 선비수련 효과를 체험하다가 코로나19로
일단 멈춘 상태였다.

이처럼 귀한 손님을 맞게 되자 16세기 퇴계의 성공적인 삶과
가르침을 21세기 최첨단 기업의 노사 간부들에게 얼마나 리얼하
게 맞춤식으로 연결시켜 주느냐가 핵심 열쇠였다. 그래서 두 가
지 근본문제에 대한 인식과 그 해결방안을 제시하기로 의견을
모았다.

첫째, 상충하는 견해를 어떻게 판을 유지하면서 협의 조정해
나가느냐는 것이다. 500여 년 전 퇴계와 고봉의 학술논쟁은 대표

적 성공사례이다. 26년 아래인 젊은 학자 고봉으로부터 당시 최고 원로학자 퇴계가 받은 직접적 논박은 주위에서 '이젠 끝장이구나' 생각지 않을 수 없는 극적 상황으로 비쳤다. 그러나 퇴계는 100여 통의 편지를 정성껏 주고받으며 상대를 존중하고, 자신의 견해를 때로는 수정하고 때로는 설파하면서 8년간 이어갔다. 치열한 학술 분야이지만 논리 못지않게 훈훈한 정의情意에도 큰 비중을 둔 것이다.

둘째, 추구하는 가치를 어디에 두어야 상호 공통점을 찾아 더 수월하게 합의할 수 있느냐는 것이다. 노조와 사용자라는 위치에서 벗어나 한층 더 큰 가치, 예컨대 몸담은 회사와 공동체가 잘되도록 목표를 설정하면 합의는 더 쉬워진다. 퇴계는 고봉의 논박을 고맙게 여겼다. 퇴계의 궁극적 목표는 하늘이 부여한 본성대로 인간이 착하게 살아가도록 하는 원대한 진리 추구였기 때문이다. 퇴계가 가는 이 원대한 길에 고봉은 자극을 주는 고마운 동반자였다. 노사도 회사가 추구하는 공동목표를 위해 서로 자극을 주는 굳건한 동지가 될 수 있다. 바로 이 회사가 설정한 '기업시민'이라는 목표가 좋은 예이다.

이와 같은 구상 아래 노사가 원팀이 되어 함께 수련을 진행했다. 강의시간에 공감의 리액션도 크고, 현장에서 해설하는 분보다 먼저 대오를 갖추며 경청하고 질문도 구체적이어서 열의가 느껴졌다. 수련의 최종목표는 실천하는 데 있으므로 수료식 직전에 하는 실천다짐 토의 발표가 가장 의미 있는 시간이다. 회사 측에서 토의는 노사가 따로 하되 발표는 같은 장소에서 각기 했으면 좋겠다는 의견을 전했다. 속마음을 더 솔직하게 이끌어내려는 시도로 보였다.

발표시간이 되자 노와 사의 대표들은 진지한 표정으로 "조선시대의 선비정신과 우리 회사의 기업시민 정신은 같다", "기업이 있어야 노동조합도 있다"며 실천다짐 토의 결과를 밝혔다. 이어서 노사가 진행한 자체 시간에는 선비수련 실천을 강조하기 위해 표어 경진대회가 즉석에서 열렸는데, "오늘의 선비정신을 기업시민으로 꽃피우자"가 대상을 받았다. 부상으로 주어진 건강즙을 즉석에서 동료와 수련원 사람들과 공유하는 모습이 퍽 아름다웠다.

수련이 이처럼 잘 마무리된 까닭은 퇴계 선생의 가르침이 가슴에 와닿아 실천의지로 연결된 것이 으뜸일 것이다. 이에 더하여 60대 후반 여성지도위원이 감기 증상이 있는 수련생에게 감기약을 뛰다시피 가져와 건네주니 다른 장소에서 "조선시대 참선비는 퇴계 선생이고 지금 참선비는 바로 지도위원이시네요"라고 한 덕담, 토의 중에 1회용 종이컵 커피가 생각난다는 노조위원장의 혼잣말을 놓치지 않고 지도위원이 사무실에 전달하여 쟁반을 받친 커피 한 잔을 가져온 직원과 오고간 눈인사 등 수련 중에 나타난 갖가지 행동도 조금은 영향을 끼쳤으리라.

이들이 "다른 사람들에게 선비수련을 권하고 싶은가?"라는 설문항목에 99점이라는 아주 높은 점수를 주며 떠난 것도 다 이유가 있는 셈이다. 500여 년 전 가르침도 오늘을 사는 사람들의 삶에 기여할 수 있음을 다시 한 번 확인하는 의미 있는 자리였다. 동서고금을 불문하고 위인은 시대를 뛰어넘어 가까이 있는 사람부터 차츰차츰 더 멀리 영향을 미치나 보다.

천주교인들의 선비체험

얼마 전 대구의 한 성당에서 봉사활동 하는 교인들이 도산서원 선비문화수련원을 다녀갔다. 성당에서 해마다 몇 차례 성지나 수도원을 찾아 사색하고 수도하는 피정避靜의 일환이었다. 그들은 왜 조선 유교를 집대성한 퇴계 선생의 선비정신이 오롯이 남아 있는 도산서원과 선비문화수련원을 택했을까?

앞서 수련원을 잘 아는 독실한 신도의 권유로 성당의 신부와 수녀가 예비 답사를 다녀가면서 긍정적인 인상을 받았기 때문으로 보인다. 길지 않은 시간 동안 수련원의 시설과 커리큘럼을 살피면서, 그들은 이 시대에 필요한 선비정신의 핵심에 관해 문답하며 짚어 나갔다. 그리고 나서 성당에서 봉사활동을 하는 신도들부터 선비수련을 하는 것이 좋겠다고 판단하고 권유했던 것이다.

천주교와 유교는 서양과 동양이라는 아주 다른 토양에서 출발하여 오랜 기간 동안 발전했기에 그 차이는 헤아리기 어려울 만큼 많다. 그러나 인간을 사랑하고 보듬는 박애博愛와 인의仁義의 정신은 한 방향이 아닐까. 유교국가 조선에서 인의를 핵심으로 하는 선비정신은 지도층인 사대부에 의해 실천되었다. 퇴계, 남명, 율곡, 다산 같은 학자는 물론, 백성들의 존경을 한몸에 받은 세종대왕과 충무공 역시 충효애민의 선비정신을 앞장서 행동한 분들이다.

조선 후기 들어 양자가 만나면서 처음에는 조상 제사 문제 등으로 첨예하게 마찰하며 한동안 상극의 길을 걸었다. 이 과정에서 약자인 천주교인은 여러 차례 엄청난 상처를 입었다. 하지만 신앙이 자유롭게 허용되는 시대가 되면서 두 종교에서는 약속이나 한 듯 훌륭한 인물들이 배출되었다.

한말 국권이 흔들릴 때 목숨 걸고 나선 의병장은 유학하는 선비가 대다수였다. 한편 독립운동가 하면 첫머리에 떠오르는 안중근 의사(1879~1910년)는 유학을 공부했던 독실한 천주교도였다. 그는 순국하기 전 여순감옥에서 여러 장의 글을 남겼다. 그중 '견리사의見利思義, 견위수명見危授命'이라 쓴 유묵이 압권이다. "이익이 되는 것을 보았을 때는 옳은지 먼저 생각하고, 공동체에 위기가 닥쳤을 때는 기꺼이 목숨을 바치라"는 의미다. 자신의 애국적 의거에 대한 외침이자 선비들이 평생토록 실천하고자 애쓴 정신의 표현이다.

김수환 추기경.
가톨릭 최초의 한국인 추기경이자 우리 사회의 정신적
스승으로서 평생 박기후인의 선비정신을 실천했다.

어디 그뿐이랴! 우리 사회에서 최고의 정신적 스승으로 추앙
받았던 김수환 추기경(1922~2009년)은 자기에게 엄격하고 타인
에게 관대한 박기후인薄己厚人의 선비정신으로 일관했다. 이런
인품 덕분에 김 추기경은 최고의 선비에게 시상하는 심산상을
2000년에 받았다. 몇 번의 고사 끝에 수상하자 심산 김창숙心山
金昌淑(1879~1962년) 선생의 묘소에서 열린 전통방식의 행사에
서 큰절을 했다. 그리고 받은 상금이 유학을 공부하는 학자들의
성금임을 알고 얼마 후 이보다 많은 금액을 보내왔다. 우리 시대
에 이보다 더 감동적인 선비정신의 실행이 있을까?

이런 일화를 중심으로 이야기를 주고받으며 깊은 감회에 젖은 신부와 수녀가 다녀간 후, 이들의 마음이 옮겨진 때문인지 이번에 찾아온 신도들은 도착하는 순간부터 남달랐다. 30분 일찍 도착해서 가까이 있는 퇴계 선생의 유적을 다녀온 후 수련에 몰입했다. 수련 과정에서도 선비정신과 천주교 교리, 퇴계 선생의 인간존중과 천주교인들의 봉사활동 등을 주제로 한 강의와 도산서원 탐방, 퇴계 종손과 대화 등을 통해 몸과 마음이 빠져들었다. 수련이 끝난 뒤에는 "이번 수련이 나 자신을 돌아보고 더 나은 삶을 추구하는 계기가 되었다", "주위 사람들에게 선비수련을 권하겠다"는 등의 소감을 내놓았다.

이를 보며 20년 전 도덕입국의 기치를 들고 수련원 설립을 주도한 이곳 유림과 소요비용을 꾸준히 지원해 준 중앙정부와 지방자치단체에 다소나마 보답하는 듯하여 기뻤다. 15년간 수련원에 몸담으면서 진정 바라던 것이 바로 이런 반응이 아니었던가! 선비정신과 퇴계 선생의 삶이 많은 사람들에게 전파되기를 줄곧 바라 마지않던 사람으로서 이번에 천금보다 귀한 수련 소감을 들려준 천주교 신자분들께 머리 숙여 깊이 감사드린다.

외국인의 서원행

도산서원선비문화수련원에 뜻밖에 주한미군 가족들이 다녀갔다. 경상북도 방문의 해를 내세우고 외국인 유치에 힘쓰는 경상북도의 선비수련 제안을 받고 비용을 스스로 부담하면서 자발적으로 참여한 것이다.

코로나19로 내국인이 크게 줄어든 가운데 예상치 못한 외국인 수련생이 찾아온 것이라 반가웠지만 솔직히 적잖이 신경도 쓰였다. 한식 위주의 식사며 온돌방 잠자리, 현장탐방과 체험, 종손과 대화 등 1박 2일 체험프로그램 가운데 어느 하나 그들에게 생소하지 않은 것이 없었기 때문이다. 게다가 당시에는 코로나 방역의 철저한 준수로 불편함은 더 늘어날 수밖에 없었다. 그런 환경에서 낯선 우리의 선비정신을 제대로 전하고 실천하도록 하는 것은 결코 쉽지 않은 과제라 여겼다.

그러나 이 모든 것은 기우였다. 그들의 참여도와 집중도는 예

외국인 수련생들이 진지한 자세로 알묘례에 임하고 있다.
ⓒ 도산서원선비문화수련원

상을 뛰어넘었다. 어느 면에서 수련원 가족이 느끼고 배울 점이
더 많을 정도였다. 먼저 익숙지 않은 일상에 인내와 긍정의 자세
를 보였다. 평소의 생활방식을 바꾸는 것은 힘들고 어려운 일이
다. 특히 좌식문화인 선비문화 체험은 한 번도 경험하지 않은 서
양인들에게는 힘듦 그 자체일 터이다. 하지만 그들은 어떠한 불
평이나 항의도 없었다. 오히려 잠자리가 따뜻하고 식사가 최고
라며 치켜세웠다. 수련 기간 내내 코로나 방역 수칙도 착실히 따
랐다. 이런 긍정 마인드는 자신을 더 만족스럽게 하고 수련생 전
체의 좋은 분위기로 이어져 진행하는 수련 지도위원들도 더욱
정성을 다하게 만들었다.

다음으로 다른 문화에 존중과 수용의 자세를 보였다. 도산서원에 모셔진 퇴계 선생 위패 앞에서 선비 유복을 입고 큰절과 읍揖을 익혀 행하는 알묘례는 한국인 중에도 종교적으로 해석하여 망설이는 분이 종종 있다. 그래서 많이 우려했으나 그들은 전혀 그렇지 않았다. 알묘례의 참된 의미는 '훌륭한 선현을 뵙고 자신도 훌륭한 사람이 되겠다고 다짐하는 인사'라는 점을 잘 이해하고 진지하게 참여하는 모습이 매우 보기 좋았다. 마음에 들지 않으면 손사래를 치거나 겉치레 흉내만 내는 오늘의 많은 사람들에게 참으로 교훈이 되는 장면이었다.

또 하나, 존경스런 인물과 가치 있는 문화에 배움의 자세를 보여 주었다. 퇴계 종손과의 만남에서 있었던 이야기다. 평소 퇴계 종택 실내에서 진행하지만 거리두기 방역의 일환으로 그날은 부득이 마당에 간이의자를 놓고 종손의 이야기를 듣게 되었다. 이야기가 끝난 다음 연세가 높은 종손이 자신들을 위해 붓글씨를 쓰기 시작하자, 감사와 존경의 마음이 우러나서인지 점점 종손 주위를 감싸듯 둘러쌌다. 종손과 사진을 찍으며 기뻐하는 모습에서 추위는 저 멀리 물러나는 듯했다. 첫째 날 밤의 퇴계 선생 명상길 산책과 다음 날 새벽의 퇴계시공원 산책에서도 호기심과 진지한 동참의식이 느껴졌다.

수련을 마무리하며 수련생 한 분은 "사람들이 서로 배려하고 공경하는 선비의 자세를 배우고 실천한다면 이 세상이 분명 더

욱 좋아질 것"이라고 소감을 밝혔다. 이것이 바로 선비정신이
고, 그렇게 살아간 가장 대표적인 분이 퇴계 선생이다. 이들은
단 이틀 동안 수련하면서 이를 실천했고, 마치면서 자신들의 가
치관으로 다지려 했다. 선비수련에 여러 해 몸담으면서 모처럼
큰 보람을 느꼈다.

2019년 유네스코는 도산서원을 포함한 우리나라의 9개 서원
을 "탁월한 보편적 가치"가 있다면서 세계유산으로 등재했다. 이
지점에서 솔선수범하는 지도자인 선비를 육성하는 서원의 가치
를 높게 인정한 유네스코의 안목과 1박 2일 선비수련을 하며 밝
힌 이들의 다짐이 일맥상통하는 가치임을 알 수 있다. 그것은 우
리의 자랑스런 선비와 선비정신에 대한 세계인의 주목과 인식이
조금씩이나마 모이고 있다는 메시지가 아닐까. 앞으로 더 많은
사람이 참여하여 공감하고 실천할 수 있도록 선비수련 내용과
방식을 더욱 글로벌하게 발전시켜 나가야겠다고 다짐했다.

검소와 나눔과 헌신의 역사 현장

코로나19가 완화되면서 도산서원에서 차로 5분 거리인 퇴계 종택을 찾는 이들도 갈수록 늘고 있다. 퇴계 16대 노종손 이근필 옹이 그들과 만나는 공간은 종택에 붙어 있는 추월한수정이란 정자이다. 눈 밝은 사람은 퇴계 선생이 지내던 도산서원에 있는 도산서당은 3칸 반 규모로 작은데 추월한수정(정면 5. 5칸, 측면 2. 5칸)은 왜 이렇게 클까 하는 의문을 품는다. 퇴계 선생이 이렇게 지었을까? 아니다. 선생은 도산서당보다 더 작은 초가집(한서암)에서 세상을 떠났다. 그러면 후손들이 지었을까? 그것도 아니다. 선생의 제자들의 후손과 유림이 힘 모아 지은 것이다.

그 과정은 이렇다. 퇴계가 떠나고 40년이 지난 1610년경 손자 대에 이르러 집안 재산이 분배되었다. 두 손녀에게는 선생이 지내던 이곳 계상의 토지를 나눠주고 세 손자는 떨어진 곳에 분재했는데, 맏손자가 가장 먼 곳(부포)을 분배받았다. 그리고 다시

추월한수정.
퇴계 선생의 학문과 정신을 계승하기 위해 제자들의 후손과 유림들이
힘을 모아 1715년 처음 건립한 후 한말 의병활동 때 왜병에 의해 불탔다가
다시 그분들의 후예들이 1926년 중건한 현재의 추월한수정 모습.

100여 년의 세월이 흐른 1714년 가을, 도산서원 원장이던 창설
재 권두경蒼雪齋 權斗經(1654~1725년) 공이 퇴계 선생이 도학을
공부하던 자리가 흔적도 찾기 어려운 것을 안타깝게 여겨 "선생
께서 끼치신 꽃다운 업적과 지난날의 자취를 귀로 듣고 눈으로
똑똑히 알 수 있게 복원해야겠다"고 발의했다. 이 취지에 유림
모두가 찬동했고, 그곳에 살던 외손의 후손들도 기꺼이 떠났다.
　이때 유림은 종가 살림집은 부포에서 옮겨와서 짓더라도 퇴계
선생의 학문과 정신을 이어갈 공적 공간인 정자는 자신들이 건축
비용을 부담하겠다고 결의하고 실제로 400여 문중이 출연했다.

이름도 우리나라 도학이 시작된 마을이라는 뜻에서 도학연원방
道學淵源坊이라 지었다. 정자의 나머지 현판 글씨들도 그들이 정
해서 걸었다. 정자 이름인 추월한수정 秋月寒水亭은 퇴계의 제자
고봉 기대승이 "퇴계 선생의 마음은 찬물에 비친 가을 달처럼 깨
끗하고 투명하다"고 한 데서 인용한 것이다. 산남궐리 山南闕里는
영남에서는 공자가 태어난 '궐리'와 같은 곳이란 뜻이다. 해동고
정 海東考亭은 우리나라에서는 주자가 만년에 머물던 '고정'과 같
은 마을이란 의미다. 후손들이 자기 조상에게 감히 붙일 수 없는
이런 의미의 현판들은 후대 학자들이 퇴계를 얼마나 존숭했는지
잘 말해 준다.

1715년 말 완공 후 정자는 취지대로 유림의 회합과 교류 공간
으로 활용되었다. 이후 19세기 말 일제 침탈이 노골화되면서 이
곳은 자연스레 의병활동의 구심점이 되었다. 왕비 시해에 비분
강개하여 일어난 1차 의병 때(1896년)는 의병을 뒤쫓던 왜병에
의해 추월한수정이 불탔다. 고종의 강제 퇴위와 조선군대 해산
으로 촉발된 2차 의병 때(1907년)에는 종택 살림집마저 왜병에
의해 다시 화마에 휩싸였다. 마침내 나라를 빼앗기자, 종가 역
시 20년간 떠돌게 되었고 유림의 공간도 폐허가 되었다.

그렇게 비통한 시간이 흐르던 중, 1924년에 유림과 후손들이
"세상이 어렵지만 올바른 이치는 쉬거나 멈추는 일이 없기에 선생
의 가르침은 더욱 절실하다"면서 다시 종택과 추월한수정을 복원

하기로 뜻을 모은다. 1926년에 완성된 추월한수정은 이번에도 제자의 후손 500여 문중에서 1941년까지 경비를 추렴했고, 불탄 현판도 다시 써서 달았다. 뿐만 아니라 1943년 기와가 무너져 대폭 개축할 때도 유림이 경비를 부담했다. 이처럼 추월한수정은 건립 당시부터 전국 유림이 동참했고, 3차에 걸친 복원과 개축 과정도 그들의 부조와 출연금으로 이루어진 전례가 없는 건물이다.

따라서 지금까지 종가는 추월한수정이 본래 취지에 맞게 쓰여야 한다는 생각이 확고했다. 시대 변화로 유림이 회합하는 일이 예전 같지 않은 오늘날은 어떻게 해야 할까? 노종손은 이곳을 퇴계 선생이 추구했던 '소원선인다'의 꿈을 실현하는 데 조금이나마 보탬이 되는 공간으로 활용하기로 마음먹었다. 그리하여 외부 방문객, 특히 선비수련생이 수십 명씩 방문하면 그분들 앞에서 무릎 꿇고 앉아 아름다운 사람의 도리를 들려주며, 매년 '조복' 글씨를 5만 장 이상을 써서 널리 나눠주게 된 것이다.

퇴계는 검소의 현장과 배려의 가르침을 남겼다. 후학들은 잇따른 나눔과 베풂으로 보답했고, 노종손은 봉사와 헌신으로 이어가고 있다. 여행지 가운데 이보다 값진 역사의 현장이 또 있을까.

퇴계 종손의 건강 비결, 조복造福

도산서원 인근 퇴계 종택을 지키는 노종손 이근필 옹은 종택을
방문하는 이들을 한결같이 공경하는 자세로 맞이한다. 대화도
퇴계 선생 이야기는 조상 자랑으로 비친다며 절대 마다하고 다
른 집안의 미풍가화를 들려준다. 그러면서 각자 주변의 아름다
운 이야깃거리를 찾아 입에 올리면 모두 좋아하지 않겠느냐며
남을 칭찬하기를 권장한다. 도산서원선비수련생들에게 종손과
만남이 최고 인기 프로그램인 이유이다.

사람은 모두 복 받기를 원하고, 또 복 많이 받으라고 남에게
수시로 덕담을 건넨다. 하지만 복은 원한다고 오고, 준다고 가
는 것이 아니다. 그러면 어떻게 해야 할까? 복은 스스로 만들어
야 한다. 착한 일을 하면 주위의 평이 좋아지고, 본인에게도 좋
은 일이 생기게 마련이다. 퇴계 종손은 '스스로 복을 지어야 한
다'는 뜻에서 일일이 붓으로 '조복'造福이라는 글씨를 써서 수련생

과 방문객들에게 건네준다. 수련생들은 이를 공손하게 받아들고 대문 밖까지 전송 나온 종손과 기쁘게 인사를 나눈다.

그런데 코로나 팬데믹 이후 사회적 거리두기로 종택을 찾는 이가 크게 감소함에 따라 종손의 이런 일상도 뜸해졌다. 그러던 차에 2022년 연초에 광주광역시 광산구에 자리한 월봉서원을 관리하는 별유사 기세락 옹(88세)과 통화하면서 종손의 안부 이야기를 나누었다. 필자는 월봉서원 원장을 맡고 있으나 도산서원과 수련원 일 때문에 자주 갈 수 없어 서원 관리책임자와 이따금 통화로 업무 이야기를 하곤 한다. 연초 통화도 그런 목적으로 이루어진 것이다. 그 대화 내용은 이러하다.

"종손께서는 잘 계신가요?"

"네, 여전히 잘 지내십니다. 요즘에는 조복 글씨를 더 많이 쓰십니다."

"얼마나 쓰시는데요?"

"그전엔 어림잡아 하루 100장 남짓을 쓰셨는데 요즘은 200장 이상 쓰시는 날이 많다고 들었습니다."

"아니, 글씨 드릴 방문객이 줄었으니 덜 쓰셔도 되지 않나요?"

"종손 어른 생각은 다르신 듯합니다. 방문객과의 대화시간이 줄어들었지만 늘어난 여유시간에 가만히 쉬고 있을 수 없다는 생각에 더 쓰시는 거예요. 더 놀라운 것은 이렇게 수요(방문객)가 줄고 공급(글씨)은 늘어나 글씨가 쌓이게 되니 종손께서는 유관

퇴계 종손 이근필 옹이 직접 쓴 '조복' 휘호를
보여 주며 설명하고 있다. ⓒ 도산서원선비문화수련원

문화단체와 유림·문중행사 참여자, 그리고 미래 어머니가 될
여대생·여고생 등 새로운 용처를 찾아서 보내드리면서 기뻐하
고 계신다는 겁니다."

"그렇습니까? 고령의 연세에도 그렇게 하시다니요. 존경스럽
네요. 아, 그러면 연초에 월봉서원에서 연례행사가 있는데 저희
에게도 일정량을 보내 주시면 좋겠습니다."

"네, 그렇게 말씀드리지요. 종손께서도 반기실 것입니다."

며칠 후 확인해 보니 요청한 수량보다 더 많이 보내 주셔서 잘 사용했다는 연락이 왔다.

돈과 명예와는 거리가 먼 일에 퇴계 종손이 9순의 나이를 잊고 올인하는 까닭은 무엇일까? 퇴계 선생은 하고 싶은 자신의 일, 이른바 '오사'吾事를 위해 사직을 간청하고 고향으로 돌아왔다. 귀향하여 그가 매진한 오사는 세상에 착한 사람이 많아지길 바라며 학문과 교육에 몰두하는 일이었다. 그의 이런 소망이 500년 뒤 16대 후손까지 움직이는 것이 아닐까?

100세가 넘은 연세에도 왕성하게 활동하시는 김형석 교수는 건강장수 비결에 대해 "같은 또래에서 가장 일을 많이 하는 것이고, 그 일은 결코 자신을 위한 일이 아니라 남을 위한 일이어야 한다"고 말한다. 퇴계 종손이 들려주는 이야기와 '조복' 글씨는 사람들이 착하게 살아가는 데 긍정적 영향을 줄 뿐만 아니라 본인의 건강장수에도 도움이 되는 셈이다. 무엇보다 15년 전 처음 뵐 때나 지금이나 건강에 별 변화를 느낄 수 없는 것이 그 증거다. 백세시대에 노년을 어떻게 살아가야 할지에 대한 훌륭한 답이 아닐까?

자연 찾아 비우고 퇴계처럼 채우자

필자는 올해로 15년째 지내는 안동 도산에서 언제나 5시 30분에 새벽 산책을 나선다. 매일 마주하는 산책길이지만 그 모습은 철마다 다르다. 겨울철에는 먼동이 트기 직전 어두운 새벽하늘에 총총히 빛나는 별이 압권이다. 퇴계 선생이 넘나들던 도산재 고갯마루에서 쳐다보는 별은 마치 쏟아질 듯하다. 여기에 낙엽 밟는 소리, 바람 스치는 소리까지 늘 함께하니 자연과 한 가족이 된 느낌이다. 젊은 시절 운동 또는 여행 삼아 바삐 등산하던 때와 사뭇 다르다.

현대인은 온갖 근심으로 늘 번다하다. 그 결과, 천 가닥 만 가닥으로 이어지는 상념에 시달리다 보면 머리가 피곤하고 우울해지며, 심하면 각종 질환에 시달린다. 이로부터 벗어나려면 어떻게 해야 할까. 당연히 그런 상념들을 비워야 한다. 사람들은 이를 위해 명상도 하고 산사도 찾는다. 하지만 그래도 잘 비워지지

도산서원선비문화수련원 전경.
도산서원 뒷산 넘어 아름다운 자연 속에서 선비문화를 체험할 수 있는 공간이다.
ⓒ 도산서원선비문화수련원

않더라는 이야기를 많이 듣는다. 필자 역시 그랬었다. 그런데 요즘에는 '비움'의 가장 효과적인 방법은 자연과 가까워져 하나가 되는 것이라는 생각이 부쩍 든다.

자연과 하나가 되려면 무엇보다 오감五感으로 그 자연을 느껴야 한다. 필자의 경험을 예로 들면 이러하다. 먼저 시각으로, 자연을 항상 주시한다. 어두울 때는 총총한 별을 보고 밝을 때는 녹색의 나뭇잎을 바라본다. 다음은 청각에 집중하여 자연의 소리를 듣는다. 봄에는 얼음 녹은 개울물 소리, 여름에는 풀벌레

소리, 가을에는 귀뚜라미 소리, 겨울에는 눈 밟는 소리에 귀를 모은다. 그리고 후각으로 자연이 보내 주는 상큼한 향기를 맡고, 피부 촉감으로 그 청량감을 느낀다. 그러면 머릿속에 꽉 차 있던 온갖 상념은 어느새 자리를 비키며 차츰 사라진다. 그리고 신통하게 머리는 맑아지고 몸도 가벼워진다. 요컨대, 비워야 맑아지는 것이다.

그렇게 상념을 비우더라도 잠시만 방심해도 다시 엄습해 오므로 지속적으로 반복하여 습관을 만드는 것이 중요하다. 필자처럼 매일 새벽 산책을 하고 낮에도 자연을 가까이할 수 있는 여건이면 더할 나위 없고, 그렇게 할 수 없는 환경이더라도 의도적으로 자신만의 조용한 시간을 내는 노력을 해야 한다. 실천해 본 사람은 알겠지만, 이처럼 자연을 가까이할 때 얻어지는 비움의 효과는 정신적·육체적으로 엄청나다.

그런데 일반인은 수도자처럼 비우고만 살 수 없다. 가정과 직장과 사회에서 이런저런 일로 남과 부딪히며 살아가기 마련이다. 이 과정에서 자기중심적 방식으로 살아가면 일도 뜻대로 안되고 인간관계도 많은 상처를 주고받는다. 일도 성취하고 행복하게 살아가려면 비움을 넘어 현명한 '채움'의 방법을 새로이 찾아야 한다.

현명한 채움의 가장 효과적인 방법은 훌륭하게 살아간 분을 롤 모델로 정하고 그를 본받으며 살아가는 것이다. 손쉽게 오늘의 현실 속에서 찾으면 제일 좋지만 내 영혼을 맡기고 따라갈 분을 만나기가 어디 그리 쉽겠는가. 그렇다면 역사 속에서 찾을 수밖에 없다. 사람들이 교회로 사찰로 또는 책 속으로 이른바 '4대 성인'을 찾아나서는 이유이다. 수긍이 간다. 그런데 그 길만 있을까. 4대 성인보다 우리와 시대적으로나 공간적으로 훨씬 더 가까운 곳에서 대상을 찾을 수 있지 않을까.

필자가 도산에서 보고 듣고 읽으면서 만나는 퇴계 선생이 대표적 사례이다. 선생의 삶은 배운 것을 그대로 실천하는 지행병진의 삶이었다. 그는 누구든지 있는 가족을 사랑하고 제자의 인격을 존중했음은 물론, 하녀 자식의 생명까지 배려하며 살았다. 세종대왕과 같은 훌륭한 통치자도 아니고 이순신 장군처럼 전쟁 영웅도 아님에도, 평생 살아가며 수많은 사람들의 가슴을 적셔 주었기에 존경받고 있다.

우리도 그를 따라 열심히 배워서 인간다움을 실천하며 살면 좋지 않을까. 이제부터라도 경건한 마음가짐으로 자연을 찾아 비우고 퇴계 같은 성현을 따라 채우면서 모두 건강하고 행복하고 서로 아끼고 존중하는 삶을 실천하기를 염원해 본다.

선비수련 100만 시대를 열다

2022년 1월 도산서원선비문화수련원은 개원 20년 만에 누적 수련생 100만 명을 돌파했다. '착한 사람이 많은 도덕사회'를 구현하기 위해 도산서원의 부설기관으로 출발한 수련원은 잊혀가는 선비정신을 되살리고 인성교육의 새로운 길을 제시해 왔다.

이제 우리나라의 대표 인성교육 기관으로 발돋움한 수련원의 성장 과정과 성공 비결을 알아본다.

수련원은 개원 이래 꾸준히 성장가도를 달리며 2022년 수련생 100만 명을 달성했는데요, 성공 비결이 무엇인가요?

자리에 앉아 하루 종일 강의만 듣는 방식이 아니라 도산서원과 퇴계 종택 등 퇴계 선생의 발자취가 남아 있는 현장을 둘러보면서 자연스럽게 선비정신을 익힐 수 있게 한 덕분에 큰 호응을 얻은 것 같습니다. 군인들은 하루 만에 부대로 복귀하지만, 직장인과 학생들은 1박 2일 혹은 2박 3일 머물면서 교육을 받습니다. 수련생들은 입교한 뒤 도산서원 답사, 퇴계 심신수련법 실습, 명상길 걷기, 퇴계 종손과의 대화, 하계마을 유적지

도산서원선비문화수련원 관계자들이 수련생 100만 명 달성을 기념하여
한자리에 모였다. ⓒ 도산서원선비문화수련원

탐방, 이육사 문학관 방문 등을 합니다. 도산서원 사당에서 퇴계 선생의
위패를 마주할 때는 유생들이 쓰던 유건에 도포를 입고 "선생처럼 훌륭
한 삶을 살겠다"고 다짐합니다.

서원은 유림만 출입하는 곳이라고 여기는 사람이 많은데요, 어떻게 선
비문화를 체험하고 인성함양을 하는 열린 공간으로 활용하게 되었는지
놀랍습니다. 수련원의 목표는 무엇이고 어떤 과정을 거쳐 발전했나요?

수련원은 선비정신 확산을 통해 도덕사회를 지향한다는 목표 아래 퇴계
선생의 16대 종손 이근필 옹의 제안으로 2001년 설립되었습니다. 수련
을 시작한 첫해에는 교원 중심으로 224명이 참가하는 데 그쳤으나 두
차례의 건물 증축과 '찾아가는 학교 선비수련' 등의 다양한 프로그램에
힘입어 2016년 연간 수련생 18만 명을 넘어섰습니다. 코로나 여파로

2020년에 수련생이 6만 명대로 급감했지만 2021년 10만 명대로 회복했죠. 2022년 1월에는 드디어 누적 수련생 100만 명을 돌파하며 퇴계 선생의 소원인 착한 사람들이 많은 사회로 나아가는 데 조금이나마 기여했다고 봅니다.

수련원에서는 선비정신을 되살리고 실천한다고 들었습니다. 선비정신 중에 어떠한 덕목에 중점을 두고 있나요?

수련원에서 가장 중시하는 선비정신은 배려와 공감입니다. 융통성 없는 훈계가 아니라 공동체를 생각하는 마음가짐과 타인 존중을 강조합니다. 4차 산업혁명과 함께 부각되기 시작한 인문학적 소양과 맥이 닿아 있지요. 인성교육의 필요성이 절실히 요구되는 시대적 상황에 맞춰 특히 조명받는 이유입니다. 2015년 〈인성교육진흥법〉을 제정한 정부는 매년 국비를 투입하여 수련원 발전을 돕고 있습니다. 한국교원단체총연합회는 수련원과 인성교육 협약을 체결하기도 했지요.

수련원의 교육은 주입식이 아니라 옛 선비들의 공부 방법대로 진행한다고 들었는데요, 어떤 방식인지 궁금합니다.

수련원의 교육은 강의, 현장탐방, 체험·실습, 토의·다짐 등 4단계로 진행됩니다. 옛날 선비들이 공부하던 방식과 비슷하지요. 선비정신에 대한 강의를 들은 뒤 퇴계가 설계하고 생활한 도산서당을 방문합니다. 그리고 이어 선비들의 예를 익히고 심신의 건강을 다스리는 법을 따라 해 봅니다. 마지막 단계로 모두 모여 느꼈던 것을 쓰고 토의하며 발표합니다. 선비정신의 필요성과 퇴계 선생의 삶을 배운 뒤 사색과 성찰, 다짐으로 선비정신을 어떻게 각자 삶에 받아들일지 생각해 보는 것이지요. 이 과정에서 대다수 수련생이 삶의 진정한 가치를 깨닫고 나아가야 할 지향을 발견합니다.

수련생은 주로 초·중·고 학생들이라고 알고 있는데요, 이들은 우리 선비문화를 체험할 때 어떤 반응을 보이나요? 또 수련 후에는 어떻게 변화하는지요?

지금까지 선비수련을 받은 주 대상인 초·중·고 학생들의 반응은 매우 좋습니다. 지루하고 딱딱한 수업이 아니라 직접 체험하고 느끼는 활동이니까 몰입도와 참여도가 높지요. "여러 가지 체험할 수 있는 색다른 수련이라 좋았어요", "퇴계 선생에게 배운 지혜를 일상에서 실천하고 싶어요", "나를 돌아볼 수 있는 소중한 시간이었어요" 등 수련 소감이나 평가도 긍정적입니다.

또 수련 후에는 가정이나 학교에서 부모님과 선생님께 눈에 띄게 공손해지니 호응하는 학교가 날로 늘어났지요. 한 초등학교 학생들은 수련 후에 엽서를 보내기도 했습니다. "인사 예절을 제대로 배워서 좋았어요", "지도위원님들이 해준 말씀이 무척 좋았어요" 등의 감사 인사를 담은 따뜻한 엽서였습니다. 학생들의 이러한 변화는 무엇보다 큰 선물이지요.

외국인 수련생들도 방문한다고 들었는데요, 이들은 선비수련을 할 때 어떤 자세로 임하나요? 가장 한국적인 정신문화라고 할 수 있는 선비문화와 선비정신을 어떻게 받아들이는지 궁금합니다.

처음에는 외국인들이 낯선 우리 문화에 적응할 수 있을지, 선비정신을 제대로 이해하고 실천할 수 있을지 걱정했습니다. 그런데 외국인들의 선비수련 참여도와 집중도는 예상을 뛰어넘었습니다. 전혀 경험해 보지 못한 선비문화를 존중하고 수용하는 자세를 보였지요. 한국인들도 종종 망설이는 알묘례 의식도 '훌륭한 선현을 뵙고 자신도 훌륭한 사람이 되겠다고 다짐하는 인사'라는 참의미를 이해하고 진지하게 참여했습니다. 또 퇴계 종손과의 만남이나 퇴계 명상길 산책도 배움의 자세로 아주 진지하게 임했지요.

이처럼 외국인들이 우리 선비정신을 이해하고 실천하려는 모습을 보면 큰 보람을 느낍니다.

수련원의 미래를 위해 어떤 청사진을 준비하고 있는지요?

앞으로 학생뿐만 아니라 성인 수련을 더욱 활성화하려고 하며, 특히 가족 수련에 중점을 두고 싶습니다. 인성은 보다 어려서 익혀야 하며 아이들은 학교보다 먼저 가정에서 가장 큰 영향을 받습니다. 공부만 잘하는 사람이 아니라, 모든 사람을 존중하고 또 모든 사람에게 존경받는 사람을 키우는 것이 진정한 인성교육이라고 봅니다. 그렇기에 아이들에게 절대적으로 영향을 끼치는 어른들, 가정에서 부모, 학교에서 교사, 사회에서 지도자가 좋은 인성을 갖추어야 합니다. 가족 수련, 성인 수련이 더욱 절실한 까닭입니다.

다산과 퇴계의 시공을 초월한 만남

다산 정약용茶山 丁若鏞(1762~1836년) 선생은 500권이 넘는 방대한 저술을 남겼다. 더 놀라운 것은 대부분의 저서가 40세 이후 18년 동안 혹독한 유배지에서 완성되었다는 사실이다. 어떻게 이것이 가능했을까? 누구나 인정하는 그의 천재성도 한몫했겠지만 유달리 집중력 높은 마음자세도 눈여겨볼 필요가 있다.

34세 때인 1795년 초에 참의와 승지(정3품) 자리에 올랐던 다산은 같은 해 7월에 7계급 아래인 충청도 금정찰방(종6품)으로 좌천되었다. 그때 친지 이익운에게 보낸 편지를 보면, 자신은 습성이 조급해 함양에 소질이 없고, 애써 가라앉혀도 가슴이 갑갑한 번울증이 일어난다고 당시의 심정을 피력했다. 이런 다산이 몇 해 뒤 닥친 오랜 유배기간 동안 어떻게 집중력을 발휘하여 대작을 이루었을까?

금정찰방 시절에서 단서를 찾을 수 있다. 금정찰방으로의 좌천은 주문모 신부 사건에 연루된 다산을 천주교 관련 혐의로부터 벗겨 주려는 정조의 특별 배려였다. 하지만 졸지에 시골 역장이 된 다산은 실의에 젖었다. 이때 사돈어른인 나주목사 이인섭이 "성리학 글을 부지런히 읽고 깊이 믿어 그 모범을 퇴계에게서 찾으라"는 당부의 편지를 보냈다. 다산은 이 충고를 받아들여 11월에 이웃사람을 통해 《퇴계집》의 일부를 구했다.

그때부터 매일 새벽에 세수를 한 뒤 《퇴계집》을 펼쳐 퇴계가 벗이나 제자에게 보낸 편지를 한 편씩 읽는 것으로 하루를 시작했다. 오전 공무를 마치면 편지 한 단락을 인용하고 느낌도 적었다. 11월 하순부터 1개월 동안 33통의 편지에 대해 소회를 썼다. 12월에 전보되어 서울에 돌아오자 퇴계를 따라 배우겠다는 뜻을 담아 〈도산사숙록〉陶山私淑錄을 펴냈다.

다산이 퇴계에게 사숙하려 한 것은 인격함양에 관한 것이었다. 몇 가지 살펴보자. 퇴계가 제자 이담에게 답한 편지에 "사람들이 항상 세상이 나를 알지 못한다고 하는데 나도 이러한 탄식을 했습니다. 그러나 사람들은 자기 포부를 알아주지 못함을 탄식하는데, 나는 내 허술함을 알지 못함을 한탄합니다"라고 한 대목이 있다. 이에 대해 다산은 "이것은 선생(퇴계)에게 있어서는 실로 겸손하신 말씀이다. 그러나 세상에는 또한 실로 이러한 근심이 있는 사람이 있다. … 내(다산)가 평생에 총명이 부족하거늘 모르는 사람은 '잘 기억한다'고 하니 들을 때마다 나도 모르게 땀이 나고 송구스럽다. 선생은 오히려 허술함으로 자처하며 포부를 알아주지 않음을 한탄하지 않았으니 겸손한 군자이시다. 선생이 아니면 내가 누구에게 돌아가 기대겠는가?"라고 하여 퇴계를 정신적 의지처로 삼았다.

선비의 출처에 관한 것도 있다. 퇴계는 조정에 나오라 강권하는 절친 홍섬 정승에게 답한 편지에서 "옛 인물 12인의 출처를 보더라도 저는 병약하고 감당할 능력이 부족하여 나아갈 수 없는 처지이니 헤아려 주십시오"라고 했다. 이를 두고 다산은 "선

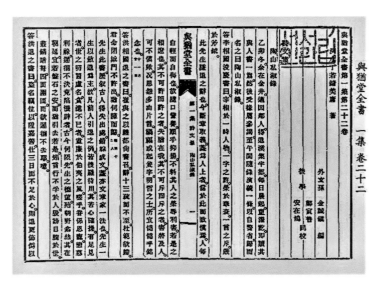

〈도산사숙록〉 첫 면.
다산이 《퇴계집》에서 퇴계가 벗과 문인에게 보낸 편지글을 읽고 나서 퇴계를
배우고 따르겠다는 다짐을 적은 글이다. 《여유당전서》 1집 22권에 수록되어 있다.

생의 덕망은 조야의 우러름이 거의 일치하니 조정에 있더라도 반석처럼 안전할 텐데도 오히려 물러났거늘 하물며 언행이 남에게 신임을 받지 못하고 비방이 날로 높아져 원망과 저주가 집중되어 있는데도 머뭇거리고 떠나가지 않으려 한단 말인가. 슬프다!"라고 적었다. '머뭇거리고 떠나지 않으려'는 사람은 바로 다산 자신을 가리킨다. 정적들의 비방과 무고가 날로 심해졌기에 더욱 울컥했을 것이다.

이런 그가 이익운에게 다시 보낸 편지에서 "제가 근래 《퇴계집》을 얻어 마음을 가라앉혀 가만히 살피니 진실로 심오하고 아득하기가 저 같은 후생 말류가 감히 엿보아 헤아릴 바가 아니었습니다. 하지만 읽을수록 신기하게도 정신이 펴지고 기운이 편안해지며 뜻과 생각이 가라앉고 피와 근육이 안정되고 차분해져 조급하고 사나우며 날리던 기운이 점점 내려가는군요. 이 한 부의 묵은 책이 이 사람의 병증에 꼭 맞는 약이 아닐는지요?"라고 하여 마음의 큰 변화를 실토했다.

젊은 시절 다산은 퇴계라는 큰 스승의 글을 읽으며 자신을 반성하고 겸손한 자세, 나아감과 물러남의 도리, 남의 잘못에 대한 관용 등의 덕성을 배웠다. 이런 배움이 그가 결점을 고치고 뜻을 더욱 굳게 하여 미래의 고난을 극복하는 데 큰 원동력이 되었음은 물론이다.

5년 후(1800년) 그를 아끼던 정조가 승하하자 다산은 천주교도로 내몰려 신유박해(1801년)를 겪는다. 다행히 죽음의 문턱을 넘어 기약 없는 유배를 떠난 다산. 그러나 18년 귀양을 좌절하지 않고 실학을 집대성한 《여유당전서》與猶堂全書 500권을 남겨 겨레의 큰 스승으로 우뚝 서게 되었다. 퇴계의 편지글이 250년 후학 다산이 실학의 열매를 맺는 데 굳건한 디딤돌이 되었던 것이다.

그렇다면 500년 후학인 우리에게 꼭 필요한 삶의 나침반도 퇴계의 글에서 새롭게 실마리를 찾을 수 있지 않을까?

퇴계의 향기를 따라가며
선비정신의 가치를 재발견하다

퇴계의 길을 따라

김병일(도산서원 원장, 선비문화수련원 이사장) **지음**

삶의 지혜를 찾는 아름다운 여정
오늘, 퇴계의 옛길을 걷다

인생의 길을 찾는 이들에게 도산서원 원장이 전하는 삶의 지혜. 유네
스코 세계유산 지정 이후 한국의 서원과 정신문화가 세계인의 주목
을 받는 오늘날, 퇴계가 추구했던 '사람의 길'은 무엇이고, 왜 그 길을
따라야 하는지 쉽게 풀어 썼다. 안동도산에서 퇴계가 거닐던 옛길을
걸으며 깨우친 선생의 가르침, 퇴계를 따라 선비정신을 실천했던 사
람들의 이야기들을 담았다. 　　　　　신국판 변형·올컬러 | 258면 | 17,000원

난마처럼 얽힌 사회적 갈등을
배려와 공경으로 풀어낸다

선비처럼

김병일(도산서원 원장, 선비문화수련원 이사장) **지음**

21세기의 최고경영자가 주목하는 선비와 선비정신!
나아가 인성교육의 탁월한 대안으로 평가받는 이유는 무엇인가?

우리가 몰랐던 이야기 혹은 잊었던 이야기인 선비와 선비정신을 담
았다. 저자는 선비와 선비정신이 일제강점기를 거치며 왜곡된 시선
부터 바로잡는다. 한강의 기적으로 일궈 낸 물질문명의 풍요 속에 감
춰졌던 정신문화의 빈곤이 점점 더 큰 사회적 문제로 드러나고 있는
지금, 선비와 선비정신이 대안이라 역설한다. 지금 이 순간도 이 시
대의 행복을 위해 어디선가 선비와 선비정신을 알리는 저자의 이야
기에 귀 기울여 보자.

신국판 · 올컬러 | 420면 | 18,500원

고승철 장편소설

파피루스의 비밀

이집트 신화의 비밀을 파헤쳐 '참 나'를 찾다
삶이 괴롭고 죽음이 두려운 이에게 전하는 진실의 힐링 메시지

천재 건축가 임호택은 우연히 이집트 고문헌을 해독하고 자신은 인간이며 신을 참칭했다는 이집트 왕의 고백을 마주하는데…. 죽음이 두려워 신을 만들어내고 그 신의 손안에서 죽음을 더 두려워하게 된 역설을 통해 현재 우리 삶의 의미를 묻는다.

신국판 | 340면 | 14,800원

소설
서재필

한국 근현대사 최초의 르네상스적 선각자 서재필!
광야에서 외친 그의 치열한 내면세계를 밝힌다!

구한말 혼란의 소용돌이 속에서 조선의 개화를 위해 온몸을 던졌던 문무겸전 천재 서재필을 웅대한 스케일의 스토리로 화려하게 부활시켰다. 21세기 지금 정치 리더십이 실종된 한국, 그의 호방스런 기개와 날카로운 통찰력이 그립다!

신국판 | 456면 | 13,800원

개마고원

개마고원에서 펼쳐지는 비밀프로젝트!
문학적 상상력으로 빚어낸 한반도 평화의 새 지평!

불우한 유년을 딛고 성공한 CEO 장창덕은 대북사업을 지원하며 개마고원에서 북한 지도자를 만나 한반도에 새 패러다임을 열 아이디어를 내놓는데…. 6·25 전쟁에서 장진호 전투가 벌어진 비극의 무대 개마고원이 평화를 꿈꾸는 희망의 무대가 된다.

신국판 | 408면 | 12,800원